Segeln in den Ruhestand

Memoriam
meiner Tochter
Wiebke

Klaus Kranert

Segeln in den Ruhestand

oder

Wahre und unwahrscheinliche Erlebnisse rund Europa

Federzeichnungen von Dittmar Kirsten

Bibliografische Information der Deutschen Nationalbibliothek: Die Deutsche
Nationalbibliothek verzeichnet diese Publikation in der Deutschen Nationalbibliografie;
detaillierte Daten sind im Internet über
http://dnb.d-nb.de abrufbar.

© 2006 Klaus Kranert
Aquarell und Entwurf des Titelbildes von Christin und Wiebke Kranert.
Satz, Umschlagdesign, Herstellung und Verlag: Books on Demand GmbH, Norderstedt
ISBN 10: 3-8334- 6313-9
ISBN 13: 978-3-8334-6313-6

Inhalt

Prolog
oder Woher Hinnerk seinen Segeltick hat

Die Abendsonne stand als riesiger roter Ball tief über dem Ambrakischen Golf und versank langsam am wolkenlosen Horizont in etwa dort, wo vor beinahe zwei Jahrtausenden Markus Antonius nach der treulosen Flucht Kleopatras die entscheidende Seeschlacht gegen seinen Widersacher Oktavian verlor. Es war ein typischer mediterraner Sommerabend, der die Besatzung der vor Anker liegenden Moody-Yacht bei süffigem Rotwein in der Plicht festhielt. Die flache, gewundene Öffnung des Golfes zum Ionischen Meer schirmte jeglichen Seegang und auch die Meeresdünung ab, ließ aber dennoch den wohltuend kühlen Seewind herein – ideal um eine abendliche Gesprächsrunde in die Nacht hinein auszudehnen, wobei diesmal der aufgehende, nahezu volle Mond als ausreichendes Ankerlicht angesehen wurde. Dieses Verhalten auf der deutschen Yacht zeigte, dass man sich schon weitgehend an die leichte, levantinische Lebensweise hier im östlichen Mittelmeer angepasst hatte.

Skipper Hinnerk und seine Frau Christin hatten den Segelfreund und Deutschgriechen Reimar Schütt und seine Frau Magda vor zwei Tagen vor ihrem Haus am Nordufer aufgepickt, um gemeinsam das von der Sportschifffahrt noch kaum entdeckte schöne Revier des Ambrakischen Golfes zu erkunden. Der gestrige Ankerplatz vor dem Kleinboothafen und Campingplatz im Nordosten des Golfs war bereits zu einer Bordfeier genutzt worden, weil man zu spät angekommen und die Strandkneipe bereits dicht gewesen war. Der Abend war noch weiter ausgedehnt worden, da die Bordgäste ausführlich über ihre Einwanderung und das Leben unter und mit Griechen berichtet hatten.

Reimar – ehemaliger Kapitän eines Küstenwachbootes im Ruhestand – von der Niederelbe her kommend, hatte mit glücklicher Hilfestellung eines eingeheirateten Deutschen sehr preisgünstig ein wunderschönes Haus direkt am Golf, nicht ohne erhebliche Eigenleistung, gebaut. Es steht ganz in der Nähe der antiken Großstadt Nikopolis, die weiter freigelegt wird und sehr sehenswert ist. Nikopolis übrigens war nach der erwähnten Schlacht von Octavian aus Dank an die Götter und zur Sicherung des griechischen Teils des römischen Imperiums gegründet worden.

An diesem Abend, meinte Magda, sei nun mal ausreichend Zeit, darüber zu berichten, wie Hinnerk Hoyer als gestandener Akademiker und ehemaliger Manager der Entwicklungsabteilung einer bekannten Hamburger Schiffbaufirma eigentlich zu dem Leben als Segelzigeuner, heute auch als »Boatpeople« bezeichnet, gekommen sei.

Hinnerk legte erst einmal eine Pause ein, die zum Öffnen einer neuen Rotwein-Korbflasche notwendig war, um dann weit auszuholen:

Darüber habe er auch schon mal nachgedacht, weil einem klar sein sollte, warum man wesentliche Entwicklungsschritte getan habe. Vieles liege in den Genen und damit auch indirekt in den Ansichten und Übermittlungen der Eltern aus der Vergangenheit. Geboren worden sei er mitten im grünen Herzen Deutschlands, in Thüringen, im Südharz. In seinem Geburtsort Elrike, der über tausendjährigen Ackerbauerstadt, bildeten kleine Fischteiche – früher angelegt von Zisterziensermönchen – die einzigen Wasserflächen, also fern von jeglichen Meeren.

Aber die Eltern! Den Vater trieb es als Freiwilligen an Bord eines kaiserlichen Linienschiffes. Achtzehnjährig nahm er an der Skagerakschlacht teil und auf Bildern konnte er später weitere Marineaktivitäten wie die Eroberung der Inseln Dagö und Ösel, aber auch die Versenkung der kaiserlichen Flotte in der Bucht von Skapa Flow, dokumentieren. Die tatsächliche Niederlage wurde durch die Meinung, sie hätten die Seeventile der Schiffe selbst aufgedreht und damit die Vereinnahmung der Flotte durch die Engländer verhindert, später zu einer Siegestat verdreht. Solche Ansichten erleichterten die Entstehung von Marine-Kameradschaften selbst in seefernen Orten und führten schließlich dazu, dass Hinnerks Vater am ersten Mobilmachungstag des Zweiten Weltkrieges wieder den geliebten Seestreitkräften zugeführt wurde. In Marineanzügen brachten Klein-Hinnerk und sein Bruder den Vater zum Bahnhof.

Hinnerks Mutter war noch mehr von der See infiziert, und das hatte tiefe Wurzeln. In jungen Jahren hatte sie dem Fernweh nachgegeben und als Köchin vom elterlichen nordfriesischen Hof den Sprung von der Nordsee nach Thüringen gewagt. Sie hatte in der Inflationszeit schon die Auswanderungspapiere für die USA erhalten, als Hinnerks späterer Vater sie heiratete und sie sich beide durch ein Kolonial- und Feinkostgeschäft am Südharz fest etablierten.

Nun im Krieg, allein mit Geschäft und Kindern, holte sie sich ein so genanntes Dienstjahrmädchen direkt von der Nordseeküste und Klein-Hinnerk konnte ständig ihren Gesprächen – natürlich auf plattdeutsch – über die ferne Nordsee und die Marineaktivitäten verfolgen.

Und abends lagen die Jungs rechts und links neben der Mutter im Bett und konnten nicht genug hören von ihren Geschichten über ihre Kindheit und über die See. Es wurde auf ihrem Hof nur friesisch gesprochen. Friesen seien nach Erzählung ihrer Großmutter die besten Seefahrer, Fischer und Walfänger gewesen, die jede Saison neu anheuerten – so viele, dass die Frauen im Sommer alle Arbeiten machen mussten und viele der Seeleute wären verunglückt oder erfroren und spät im Herbst in Holzsärgen zurückgekommen. So sei es Sitte gewesen. Und Nordsee sei Mordsee, es gäbe dort Halligen, Sturmfluten, Land unter und Männertränken – aber auch wirtschaftliches Auskommen, Stolz auf das Überleben gegen den »Blanken Hans« (die Sturmsee) und lange Unabhängigkeit gegen die dänischen Steuereintreiber.

So wurden Phantasie und auch Sehnsucht nach dem unbekannten fernen Meer geschürt. Kurze Ferienaufenthalte im Reetdachhaus seines Onkels hinterm Nordseedeich, wo das Dienstmädchen die beiden Jungen in den letzten Kriegssommern hinbrachte, blieben fest in Hinnerks Gedächtnis. Die großen Schiffe und kleinen Boote aus den bisherigen Erzählungen waren ab dieser Zeit zur Realität geworden.

Hinnerk nahm einen langen Schluck Rotwein und fuhr fort:

»Wenn die Flüsse vom Südharz auch nach Südosten fließen, wurde mir durch Nachfragen und mittels Schulatlas klar: Die Flüsse vereinten sich mit der Helme, dann ging es über Unstrut, Saale und Elbe bis zu dem Hafenpriel an der Nordsee, den ich schon kannte.

Mein erstes selbstgebautes Boot mit stolzem Namen »Seeteufel« war trotz des Vergießens mit Teer ein undichter Versaufbehälter gewesen. Meine Mutter glaubte aber an meine praktische Veranlagung. Als ein Bauplan aus einer Jugendzeitschrift vorlag, erhielt ich plötzlich die Bretter vom Sägewerk meines Onkels zum 11. Geburtstag geschenkt. Bald darauf konnte ein Boot, das diesen Namen verdiente, aus einem Fenster des elterlichen Hauses vom Stapel laufen.«

Jan und Hinnerk auf dem Mühlgraben in Elrike im März 1946

Hinnerks Erzählung war in Fahrt gekommen, aber hohe Schichtwolken hatten langsam das Mondlicht verdunkelt und Reimar holte das aufhängbare Ankerlicht aus dem Achterschapp, das ‚nun am Baum befestigt, gleichzeitig ein gemütliches Cockpitlicht abgab. Nun drängte Christin:

»Jetzt mach schon weiter, Hinnerk, das hab' ich auch noch nicht aus deiner Jugend gehört. Wie weit bist du denn mit deinem ersten Boot gekommen?«

»Tja«, meinte er, »das ist ja wohl eine Geschichte für sich. Aber zwei Episoden, die ich mit meinem besten Jugendfreund Jan erlebt habe, will ich dann doch aus meinem Gedächtnis herauskramen:

Im Frühjahr, wenn die Schneeschmelze und das nachfolgende Hochwasser soweit abgeklungen waren, dass man unter den Brücken durchkam, wurde eine Wildwasserfahrt vom Nachbarort bis hinter die Stadt durchgeführt. Das Boot war durch eine Achse und zwei Handwagenräder transportabel gemacht worden und abwechselnd paddeln einer und der andere lief nebenher, während das Fahrgestell hinten auf das Boot geschnallt war. Das große Gefälle des Flusses hatte in der Vergangenheit das Flussbett ständig verändert. Das wilde Gewässer verlief mäanderförmig über ein breites, wohl drei Kilometer langes Ödland bis zur Stadt.

Die Flussfahrt ließ sich gut an und bewirkte bei vielen Stromschnellen den Reiz und Kitzel, der heutigem Rafting beim Abenteuerurlaub entspricht. In einer Steilkurve des Flusses, der einen großen Baum fast freigespült hatte, blieb ich an einem großen Ast hängen. Darunter konnte ich nicht durchfahren, da selbst beim Abtauchen noch der Kopf im Weg war. Das führte zu einer echten Kurzschlussreaktion: Im Unterbewusstsein – zum Überlegen fehlte die Zeit – glaubte ich, durch Anhebung des Astes das Boot gleichzeitig darunter durchdrücken zu können. Dieses wich in Richtung des geringsten Widerstandes, nämlich zur Seite aus, und ich hing am Ast und damit im Eiswasser. Jan war zur Stelle und fing das gekenterte Boot an der nächsten Biegung auf. Ich schwamm zitternd ans Ufer, half das Boot mit aufzurichten und rannte dann zur Abwendung einer Unterkühlung im Dauerlauf zwei Kilometer nach Hause und kam mit trockenen Sachen wieder zurück.

Abwechselnd paddelnd und immer erfahrener werdend, erhielten wir in der Stadt erheblichen Zulauf. Wir waren die Sensation der Stadtjugend, die mit anfassen durfte, wenn zu hohe Wasserfälle das Herumtragen des Bootes erforderte. Die Tour war ein toller Erfolg.«

Noch an ein weiteres Ereignis erinnerte sich Hinnerk: »Mit dem Boot wurde ein mannsgroßer, beflügelter Weihnachtsengel, eine Dekorationsfigur aus Gips, provozierend auf die stillgelegte Fontäne mitten im Schwanenteich gebracht – direkt gegenüber der sowjetischen Stadtkommandantur. Die Russen duldeten den segnenden Engel nur zwei Tage, dann wurde er mit MP-Garben beseitigt. Freund Jan und ich waren uns nach dieser militanten Darbietung darin einig, dass eine Flussfahrt zum Meer von den Russen an ihrer langen Elbgrenze verhindert werden würde. Diese Planung wurde daher aufgegeben.«

»Nur der Drang zum Abenteuer auf dem Wasser allein macht noch keinen segelverrückt«, warf seine Frau Christin ein.

»Das ist wohl richtig«, fuhr Hinnerk fort. »Segeln war kurz nach Kriegsende und generell vor der Einführung des Kunststoffs gewiss ein Ausnahmesport. Daher kam der Impuls zum Segeln von dem väterlichen Flottenkalender, in dem ausführliche Seereisen auf Kaiser Wilhelms Megayachten nach Skandinavien beschrieben wurden. Den las ich, als ich wegen eines Magengeschwürs und psychischer Beschwerden zu Bett lag. Mich hatte meine aussichtslose Situation damals krank gemacht, dass man mir in der gerade errichteten DDR trotz bestem Abizeugnis, aber wegen des fehlenden proletarischen Stammbaums, in diskriminierender Weise einen Studienplatz verweigerte. Segeln sah ich daher als Möglichkeit an, ferne Länder zu erreichen und über die Freiheit der Meere einmal diesen Unrechtsstaat verlassen zu können. Vorerst galt es, den klassenfeindlichen, bürgerlichen Hintergrund abzustreifen.

So bedauerlich es für mich war, dass mein Vater gleich nach der Rückkehr aus der Gefangenschaft starb, die Mutter daher das Geschäft aufgeben und zur Existenzsicherung wieder den Beruf als Köchin ausüben musste, so verschaffte das mir in den Fragebögen den Einstieg in den Status der Arbeiterklasse. Als ich dann nach der Ablehnung meiner ersten Bewerbung zum Studium noch eine Schlosserlehre durchlaufen hatte, war eine neue Bewerbung möglich. Als Jungaktivist in einem Volkseigenen Betrieb und mit meinen sehr guten Zeugnissen, gelang es mir mit einigem Glück, einen Studienplatz zu erhalten.

Die Immatrikulation an der Schiffbautechnischen Fakultät der Universität Rostock verschaffte mir erst einmal fünf Jahre Aufenthalt am Meer und die Möglichkeit zum Segeln im Hochschulklub. Gleich am ersten Tag fuhr ich die wenigen Kilometer nach Warnemünde und an die Ostsee. Die weite freie Sicht bis zum Horizont ließ mich die Fesseln des diktatorischen Staates vergessen und die Möglichkeiten erahnen, seinen Grenzen zu entkommen.

Es waren damals glückliche Jahre in Rostock, noch eine relative Freiheit im Studium, gute Studentenkameradschaft, keine Studiengebühren und zielgerichtetes, effektives Studium, um auch immer das höchste Leistungsstipendium zu bekommen. Abgesehen von sonstiger sozialistischer Bevormundung war das Bildungssystem zu dieser Zeit wirklich vorbildlich und leistungsorientierter gegenüber dem heutigen. Dann gab es für mich genug Freizeit, alles für Seemannschaft und Segeln zu lernen. Das bedeutete im Winter Segellehrgänge und Bootspflege, im Sommer mit den Piraten, die dem Klub gehörten, auf Warnow und an der Küste sich auszutoben. Bei gutem Wetter ging es aus dem Mief der Zehn-Mann-Studentenbude in den Baracken an der Thierfelderstraße mit dem Seesack auf dem Rücken zu Fuß quer durch Rostock zum Kabutzenhof.

Auf der Warnowfähre nach Gehlsdorf zum Bootssteg traf ich oft Segelkameraden wie die Kommilitonen Dieter Karsten und Bernd Walter, die auch zum Klubsteg wollten. Mit diesen beiden Schiffbaustudenten und dem Physikstudenten Eckhard Schwarz, die auch bald die Segelscheine für Küstenschifffahrt hatten, wurden auf dem 5-KR-Seekreuzer »Wodan« viele Touren entlang der DDR-Küste unternommen. Dieser Spitzgatter aus Eichenholz wurde, wie damals die Regel, ohne Motor gefahren. Segeln bedeutete intensive Auseinandersetzung mit der Natur wie ständige Einbeziehung von Wind, Wolken, Strömung und Seegang auf Kurse, Manöver, Segelstellung und Seemannschaft bei minimaler Technik: keine Seereling, kein Selbststeuer und kein elektronisches Loggen, Loten oder Ortsbestimmen. Nautik reduzierte sich auf Orientieren nach ausgemusterten Überseglerkarten, Leuchtfeuerverzeichnissen und Seehandbüchern sowie auf alles rund um den Kompass.

Alle Reisen, auch über mehrere Tage, verliefen problemlos. Für jede Reise wurde einer als Bootsführer bestimmt, der allein das Sagen hatte. Es gab Zuverlässigkeit in der Aufgabenerfüllung und Verlässlichkeit aufeinander und was sehr wichtig war: Verschwiegenheit – vor allem gegenüber der Grenzpolizei, Volksmarine und den politischen Funktionären der Uni. Wegen der Überwachung durch Kommilitonen, die zunehmend DDR-höriger wurden, ergab sich schließlich eine seglerische Kameradschaft. Diese war auch notwendig, denn wir nutzten das Meer und das Segeln als Tor zum Westen.«

Obwohl der Mond schon durch den Zenit gewandert war, verlangte Reimar, der ja selbst mit seinem Küstenwachboot Erfahrung hatte, zu wissen, wie der »Wodan« diese DDR-Bewacher ausgetrickst hätte. Hinnerk, der sein Garn noch nicht zu Ende gesponnen hatte, wollte eine Fahrt aus seiner Erinnerung rauskramen, die beispielhaft für viele aufregende Touren bis weit nach dem Mauerbau war. Ungefährlich wären sie alle nicht gewesen, der Preis sei doch – je nachdem wie weit sich die DDR provoziert fühlte – hoch gewesen, denn nicht nur Rauswurf von der Uni, sondern sogar langjährige Zuchthausstrafen standen dafür, dass man das Arbeiterparadies ungenehmigt verlassen hatte. Christin und die beiden Gäste an Bord der Moody waren nun gespannt auf Hinnerks Erzählung.

»Es war wohl der Traumsommer 1958, als wir vier Studenten, verstärkt durch meinen Freund Jan aus Thüringen als Gast, einen langen Törn vorhatten. Jan hatte als Schlachtergeselle aus dem elterlichen Fleischerladen einen Extrakoffer mitgebracht, gefüllt mit Schinken, Schlackwürsten und runden Blasenwürsten (Rotwürsten), als Ticket für seine Passage. Ganz früh – noch war Landwind – ging es zum Grenzposten am »Alten Strom« in Warnemünde. Fünf Personalausweise wurden geprüft und notiert. Wir meldeten uns nach der Insel Hiddensee ab. Draußen schob uns die leichte Landbrise auf Darßer Ort zu. Als die Sonne aufging und wir quer vorm Fischland trieben, war Zeit, das Frühstück nachzuholen, und bei der immer mehr abnehmenden Fahrt auf unter einen Knoten, ergab sich eine ideale Angelgelegenheit.

Drei Mann fischten mit Schnur und Blinker, der jeweils zum Absinken eine Bleibeschwerung etwa einen Meter über dem Haken hatte. Wenn das Bleigewicht am Meeresboden war, wurde es ca. einen Meter wieder eingeholt – und dann dauerte es nicht lange und der plötzlich auftretende Ruck zeigte den Biss eines Dorsches an. Langsam wurde die Schnur eingezogen und dann, wenn der Fisch nah genug war, wurde er mit konstantem Zug im Schwung in die Plicht eingeholt. Ein kleiner Schlag mit dem Hammer, Beifall der übrigen Crew, Haken raus, Dorsch in den Eimer und alles von vorn. So ging es ständig im Wettbewerb bis die Eimer voll waren. Von Überfischung damals keine Spur in der Ostsee und als der Seewind nach zehn Uhr aufkam, war die Fischbratküche bereits im Gange. Die ersten filetierten Stücke wurden sauer eingelegt – so viele, dass sie die halbe Reise ausreichten. Mittags, kurz vor Darsser Ort, wurde Kochfisch satt serviert und abends gab es Bratfisch. Solche Fischzüge waren so oft möglich, wie sich der »reine« Segler (noch motorlos) bei flauer Brise zum Angeln anbot – meistens Dorsch, ab zwei bis drei Knoten Fahrt auch Hornaal und Makrele – in jedem Fall war's für uns eine Schonung der Bordkasse.

Obwohl die Seebrise bis spät abends durchstand, schaffte es das Boot gerade in die Libbeneinfahrt hinein und ging dann am Bugausläufer vor Anker. Nächsten Mittag war es in Vitte an der Pier und abends war die Crew im »Dornbusch« in Kloster zum Abtanzen.

Ein bis zwei Tage wurde abgewartet bis sich eine stabile Wetterlage über 5 Bft einstellte. Das war nötig, da die leichten Küstenwachboote dann eingezogen wurden, die eventuellen Radarbeobachtungen durch den Seegangseffekt wegfielen und bewölkter Himmel, Regen oder Nebel ein unbemerktes Auslaufen für den Grenzdurchbruch erlaubte. Der Weg führte in den Vitter Bodden und dann bei abgedunkeltem Boot die unbeleuchtete Tonnenreihe nach Nord in die Libbenbucht und weiter Richtung Schweden.

Dazu war eine genaue Steuerung erforderlich: Die Kompasskurse waren vorher bereits genau berechnet, die Deviationstabelle im Rostocker Hafen schon erstellt und unterwegs an genauen Peilmarken mittels einer selbst gefertigten Peilscheibe kontrolliert worden. Ein Mann lag beim Auslaufen auf dem Vordeck und konnte so am ehesten die nächste Tonne gegen den etwas helleren Horizont ausmachen, auch wenn stürmisches Spritzwasser über ihn wegging.

Nachdem das Licht vom Leuchtfeuer Dornbusch achteraus verschwand, war es geschafft. Die Sicht blieb auch tagsüber schlecht. Als der Wind am Nachmittag auf fünf Bft zurückging und ausgereeft werden sollte, war dies nicht möglich, da sich unterhalb des Großsegelkopfes die Gleitschiene vom Mast gelöst hatte. Das war nur im nächsten Hafen zu richten. Nun musste erst mal die Sundeinfahrt gefunden werden. Nach der Koppelnavigation hätten wir bei unserer Brassfahrt bereits in der Nähe von Falsterborev-Feuerschiff sein müssen. Als die Wellen kleiner und das Wasser grüner wurden, hieß es die Fahrt vermindern und durch Lotungen die Lage peilen: Die Tiefe verringerte sich schnell von vier auf drei Meter, also über Stag und hoch an den Wind, da wir sonst auf das Falsterborev auflaufen würden. Nach einer halben Stunde sahen wir das Falsterbo-Feuerschiff voraus, prüften mit einer Peilung den Standort und nahmen Kurs auf Skanör, wo wir bei herrlichem Sonnenschein einliefen.

Zur Reparatur musste ich in den Mast, wo mir beinahe vor Schreck der Schraubenzieher aus der Hand fiel: Gleich hinter der Mole am Strand badeten nämlich nackte Schwedinnen. So etwas haut den stärksten Seemann um, denn das war in der prüden DDR unvorstellbar.

Wir selbst waren wiederum die dortige Sensation im Hafen – ein Segelboot und dazu noch aus Deutschland. Es sprach sich bald herum – wohl vom Hafenmeister verraten – dass wir aus der Ostzone (DDR) kamen. So erklärte sich jedenfalls der Besuch zweier Damen mit ihren großen Töchtern, die Einkaufstüten voller Verpflegung anschleppten. Die ältere der beiden Damen erklärte uns, dass sie auch aus der DDR sei, und hier Schwester und Nichten besuche. Sie verstehe unsere Lage. Wir Rostocker konnten dem Hafenmeister ja nicht mal eine Krone bezahlen. Wir ließen uns nun überreden, die für uns ja unbekannten Delikatessen – von Sprotten bis Bananen – zu übernehmen, wenn die Damen über ihren Auftritt in Schweden absolutes Stillschweigen versprechen würden. So ging das in Ordnung. Zum Leidwesen der jungen Mädchen, mit denen wir uns in Englisch recht gut verständigt hatten, waren wir am Abend, da der Wind günstig war, schon wieder unterwegs und segelten am hell erleuchteten Kopenhagen vorbei in Richtung Kattegat. Dort überraschte uns eine Flaute querab von Kullen.

... so etwas haut den stärksten Seemann um.

Das Boot trieb abseits vom Dampfertreck hin und her, und wir beschlossen, mit dem letzten Hauch von Seewind den kleinen Hafen Mölle anzulaufen, obwohl Höganäs der nächste Zollhafen ist. Wieder fehlte das Hafengeld, als der Hafenmeister kam. Aber wir waren ja durch drei Semester fakultativen Schwedischunterricht an der Uni Rostock soweit, dass wir die Einladung zum Nordhäuser Korn aussprechen konnten. Diesen Vorschlag nahm der ältere Herr mit der roten Nase gerne an. Die Probeschlückchen drohten zu einer Feier auszuarten. Da fiel dem Eckhard das Richtige ein, dass man nämlich das Hafengeld abends flüssig habe und sogar eine Flasche zum »changen«. Als der Hafenmeister sein Hörgerät lauter gestellt hatte, verstand er ihn und tauchte abends im Dunkeln mit Aktenmappe wieder auf. Er war am Ende um einige Kronen leichter, aber um etliche Flaschen Korn schwerer – es war jedenfalls der Anfang einer jahrelangen Freundschaft.

Der Nordwest am folgenden Tag bedeutete für den Kattegat Gegenwind. Die Crew besprach sich daher und hisste die Segel zur Fahrt nach Bornholm. Als erster Landmarke winkte von fern schon die Ruine von Hammerhus. Im Nordwesten von Bornholm liegt darunter ein kleiner Hafen.

Hier in Dänemark verlangte niemand Hafengeld. Nach Besichtigung und Übernachtung – unser Boot war mal wieder das einzige im Hafen – stand der starke Nordwest mit langen weißköpfigen Wellen ziemlich genau gegen Mole und Hafen. Die Brandung brodelte an der Einfahrt und jagte Brecher über die Mole. Wir beschlossen rauszukreuzen, ehe wir richtig eingeweht würden. Mit kleiner Fock und zur Hälfte gerefftem Groß legten wir ab und probten durch den Hafen hinter der Mole erst einmal den günstigsten Anlauf. Die Arbeiter des nahen Steinbruchs und die wenigen Touristen strömten hinter die Mole und erwarteten ein Schauspiel. Bis dicht unter das Ende der Südmole war es tief, sodass ein ausreichender Anlauf mit halbem Wind möglich war. Die Manöver waren genau abgesprochen und liefen so ab: Beim Erreichen der Molenöffnung wurde sofort angeluvt. Da sich das Boot in dem starken Wellengang am Wind leicht feststampfte, wurde kurz hinter der Durchfahrt mit backstehender Fock gewendet und danach kämpfte sich das Boot knapp frei auf Backbordbug, ohne dass der bereitliegende Enterhaken eingesetzt werden musste.

Die Zuschauer waren um ihre Hauptsensation gebracht worden und die Crew segelte hinüber auf die Leeseite Bornholms. Nach Swanecke-Hafen, der sehr mühsam aufgekreuzt werden musste, war die Festungsinsel Christiansö das östlichste Ziel. Dort wurde hinter der »Gustav Stage«, dem dänischen Schulschiff, festgemacht. Am späten Nachmittag brachte das Touristenschiff »Peter« die Tagesausflügler zurück nach Swaneke und außer wenigen Gästen in den Festungswohnungen – Neubauten gab es nicht – waren sie die einzigen Fremden. Ich erinnere mich noch genau an die schmucke blonde Dänin Solvej und ihre Freundin Kirsten, die in einer dieser Ferienwohnungen mit meterdicken Wänden wohnten und die mit dem Hafenmeister an Bord kamen. Man kam ins Gespräch und die Crew lud alle zum gemeinsamen Abendbrot ein. Aus Jans Koffer kamen die wichtigsten Zutaten neben dem Rostocker Bier. Die Wurst war der Haupttreffer: Solvej sollte wohl am meisten von Wurst verstehen, denn sie war die Tochter des Schlachthofdirektors von Kopenhagen, und sie, wie alle Gäste, machten die Teller blank. Sie lobte vor allem »Bluttwurscht«. Das war die in Blasen abgefüllte, geräucherte, gut gewürzte Blutwurst, die durch langes Trocknen so weit gehärtet war, dass man sie wohl gut als Totschläger hätte benutzen können. Die Schlackwurst, eine ähnlich behandelte, grobe Mettwurst mit Kümmel oder Knoblauch – gilt ebenfalls als Harzer Delikatesse.

Als es dämmrig wurde, machte sich ein Kadettentrupp mit Pannkokenkapelle (Instrumente aus der Kombüse) im Gänsemarsch über die Insel, um das junge Volk – uns mit – zum Tanz in den Inselschuppen einzuladen. Dieter und ich nahmen sich der beiden Däninnen an und ab ging's zum Tanz. Es war bereits stockdunkel und ich meinte, dieser halsbrecherische Pfad entlang der Kasernen und alten Kanonen, über Treppen und die altertümliche Hängebrücke hinüber nach Frederiksö ließe sich nur im engen Schulterschluss mit meinem Schützling Solvej durchführen. Für alle war der »Tanz op de deel« ein voller Erfolg. Im Sommer schien die Insel damals – bei Windstille und auf der Ostseite – vom Klima und Flair aus gesehen im Mittelmeer zu liegen, vor allem als mir später von Solvej echte Feigenbäume gezeigt wurden. Die Nacht ging so schnell vorüber, dass ich frühmorgens das Boot ablegebereit vorfand. Als auch Dieter erschien, hieß es, ablegen Richtung Sassnitz. Hoffentlich wurden sie nicht als vermisst gemeldet, obwohl damals von Datenvernetzung bei den Grenztruppen noch keine Rede sein konnte.

Eckhard übernahm die Skipperfunktion und schickte die beiden Nachteulen erst mal in die Kojen. Unsanft wachte ich vom heftigen Seeschlag gegen Rumpf und Deck des hoch am Wind laufenden Schiffes auf. War die cyclonale Störung nach dem sonnigen Wetter über Christiansö nicht schon vorüber? Draußen leuchteten wieder die Sterne, also wolkenfreier Himmel. Hätte man nur ein Barometer, so könnte ein weiterer Druckabfall das Nahen eines gefährlichen Troges verraten. Hatten wir aber nicht. Wenig später verdrückte sich Jan unter Stöhnen nach außen.

»Be shure«, rief ich und hielt den heftig über Bord »reihernden« Jan an den Füßen fest. Der hatte gedacht, absolut seefest zu sein, aber das stinkige Ölzeug (vom Fischkombinat ausgeliehen) ließ ihn wohl übel werden – ohne dessen Schutz wäre er jedoch von dem ständigen Tropfwasser unter Deck durchweicht worden.

Wir mussten gemeinsam eine Entscheidung treffen: Umkehren oder weiter. Von Dueodde, dem SO–Punkt Bornholms, war der Kurs gegen den Westwind etwas nördlicher gehalten worden, um beim Umspringen des Windes auf NW nach Sassnitz anliegen zu können. Wenn die 6-7 Bft länger anstünde, wäre das Gegenanboxen schwierig, wenn nicht gefährlich – vor allem wären nach einiger Zeit der Adlergrund mit seiner Sechs-Meter-Untiefe erreicht und Grundseen zu erwarten. Die scheinbare Troglage war der Umkehrgrund.

Ich sollte mit Dieter den Rest Großsegel wegnehmen. Eckhard ließ dafür die Fock dichtholen und das Groß ausfieren. Das knallte wie Peitschenschläge. Als eine Gruppe besonders hoher Wellen vorüber war, kamen beide zum Mast: Einer fierte das Großfall, und der andere fing das Groß auf und Bernd in der Plicht dirkte gleichzeitig den Baum an, holte das Großfall dicht und somit den Baum mitschiffs. Gleich darauf waren alle dabei, das Segel zu bändigen und mit Zeisingen dicht zu zurren; da sah ich einen Kaventsmann in seiner Schaumkrone das Mondlicht reflektierend auf das tanzende Boot zulaufen, also war meine sofortige Reaktion das Legen des Ruders nach hart Steuerbord, um das Boot längs zur Welle zu steuern, und der laute Ruf »Festhalten! Be shure!« Obwohl das Boot leicht vom Wind abfiel und von dem steif stehenden Vorsegel nach Lee gepresst wurde, wusch eine starke See über Deck und füllte die Plicht halb voll. Sonst war alles o.k. Nachdem das Groß gesichert war, ging es mit ausgelassener Fock und Backstagsbrise wieder zurück nach Bornholm.

In Lee hinter Due Odde glättete sich die See und nur Böen jagten hin und wieder durch die Waldlücken von Land auf uns zu. Nächster kleiner, künstlicher Hafen am Ende einer 100 Meter langen Seebrücke war Snogebaek mit zwei Wellenbrechern im Osten. Einsegeln also einfach: Mit Fock und halbem Wind genau nach Nord auf das Molenende zuhalten, kurz vorher die Fock wegnehmen und mit letzter Fahrt reinschlüpfen. Bei unserem 1,5-Meter-Tiefgang war die Hafentiefe von 1,7 Meter knapp, da Schwell und Wellen in den nächsten Stunden nicht zu erwarten waren, aber o.k. Die Einfahrt war so eng, dass wir uns fast beidseitig festhalten konnten. Dann lag der »Wodan« vor den drei Fischkuttern wie in »Abrahams Schoß«. Aufklaren und pennen – das war dann angesagt.

Jan und Bernd kamen am folgenden Morgen von ihrem Landgang zurück, weckten die Restcrew und schwärmten wie immer von der auffallenden Sauberkeit und dem schönen Anblick der dänischen Häuser, vor allem aber vom Duft und goldigen Aussehen der Bornholmer Bücklinge. Später tauchte ein Offizieller auf, angelockt von dem weit sichtbaren 14-Meter-Mast. Er war ganz erstaunt, dass es eine deutsche Segelyacht war und seiner Meinung nach die erste seit 1905 (damals aus Danzig). Nur verwundert war er über den Heimathafen Rostock, von dem sie schließlich berichteten. Sie hatten ja eine DDR-Flagge an Bord, setzten aber prinzipiell den »Adenauer«.

Die Bornholmer hatten uns wohl ins Herz geschlossen, sodass Jan mit seinem großen Problem herauszukommen wagte: In der Bordkasse seien noch einige schwedische Kronen, und er möchte wissen, da sie ja kein passendes Geld hätten, ob dafür nicht von den Landeskostbarkeiten – den Bücklingen – etwas zu erwerben wäre. Das wurde verneint. So beschlossen wir, uns zu Mittag unser gewöhnliches Essen, Makkaroni mit Tomatensoße, vor der Heimreise zuzubereiten.

Doch eine Weile später sahen wir zwei junge einheimische Frauen beladen mit Einkaufstüten etwas verlegen vor unserem Boot auf der Pier stehen, und als Bernd herausguckte, brachten sie das Anliegen halb deutsch hervor:

»Var so god, hast du Hunger?« Und man drückte dem sprachlosen Bernd die Tüten, gefüllt mit frischen dänischen »Rundstücker« und den unvergleichlichen, salzbedeckten, fettglänzenden Bornholmbücklingen in die Hand und freute sich herzlich über sein strahlendes Gesicht.

Darauf wurden die letzten Rostocker Biere und Nordhäuser Korn und natürlich die begehrte Harzer Wurst rausgeholt. Und die Frauen wurden gebeten, den Urheber dieser Bücklingsinvasion herbeizuschaffen. Es waren der Hafenmeister und einige Fischer mit ihrem Anhang, die wegen des Sturmes auch nicht ausgelaufen waren, aber nun bei aufklarendem Himmel und heiterem Wetter mit uns ein Hafenfest feierten.

Bei späterem »Tuborgöl« wurde die Stimmung immer besser. Es wurde sich in einem Misching von hochdeutsch, platt-deutsch und schwedisch verständigt und der Entschluss zum Anlaufen dieses Hafens gelobt.

Das Boot war in der DDR gewiss überfällig und es gab Verständnis und langes Winken, als am Abend die Heimreise endgültig angetreten wurde. Wettermäßig war es auch höchste Zeit, denn bei abnehmendem Wind vor Stubbenkammer wurde mit allerletzter Brise der Molenkopf von Sassnitz erreicht. Mühsam wurde das Boot entlang der ewig langen Mole mit zwei Mann getreidelt.

Unsere Registrierung verlief ohne Beanstandung. Wir hatten uns schon Ausreden über viele Stürme zurechtgelegt, aber es ging gut und alle Anspannung verging, als einige erholsame Badetage an Rügens Küste eingelegt und die aufregenden Abenteuer nochmals durchgesprochen wurden. Jan und Bernd wollten unbedingt wissen, wie ich auf das »be shure« gekommen sei. Tja, nun musste ich wohl zugeben, dass ich es von meiner blonden Dänin übernommen hatte, die das immer rief, wenn es gefährlich wurde, und es solle wohl heißen »pass auf«. Damit sei es zur Warnung vor der Riesenwelle wohl in Ordnung gewesen. Mit grinsendem Gesicht wollte Eckhard wissen, wie es denn mit Solvej nun weitergehe. Nun erwiderte ich, dass ich bei ihr da voll im Wort stände und einen Besuch in Kopenhagen für die nächsten Tage nach Rückmeldung in der DDR versprochen hätte. Sie sollten mich nur nicht im Stich lassen, die Adresse des Bruders in Dragör hätte ich.

So kam es schließlich – Zeit hatte wir ja – zu einem mehrtägigen Besuch in Kopenhagen, leider nicht zu einem »happy end« für mich, denn Solvejs Bruder war Realist genug, mir die Ausweglosigkeit dieser Beziehung unter dem Aspekt des Eingesperrtseins in der DDR klarzumachen. Das »smucke pige« (hübsche Mädchen) wurde unerreichbar und die Wodan-Crew kreuzte nach drei Tagen zurück ins Arbeiterparadies.«

Skipper Hinnerk trank den Rest seines Weines aus und meinte, dass diese illegale Reise für viele andere stehe und wohl verdeutliche, dass Seefahrt und insbesondere Seesegeln alle Träume von Freiheit, Fernweh, Abenteuer, Selbstbestätigung, Romantik und Naturschönheiten sowie alle Erlebnisse mit minimalem finanziellen Aufwand erreichbar mache.

»Und deine Schlawiner-Erlebnisse! Nun hast du es ja mal wieder rausgelassen«, ergänzte Christin. «Schluss damit und ab in die Kojen.«

»Noch nicht«, stoppte Hinnerk. »Einen damaligen Traum von mir möchte ich noch ergänzen. Das, was den Menschen vorantreibt, ist, etwas Neues zu entdecken und zu erfinden, eben Einmaliges zu machen und setzt Ideen und Träume voraus. Als seinerzeit der Wolga-Don-Kanal als »Stalins Großbau« vollendet wurde, hatte ich die Idee der seglerischen Umrundung Europas. Dieser Traum ist für mich immer noch offen, da die Eiszeit in Russland noch nicht ganz vorbei ist und die Reise noch keiner realisiert hat. Schauen wir mal! Morgen ist aber erstmal die Umsegelung des Ambrakischen Golfs zu Ende zu bringen.«

1. Wie Hinnerk in Rente geht und die Yachtauswahl auf seine Frau abstimmt

Vor der Rente steht man immer plötzlich, da bekanntlich mit dem Älterwerden die Zeit immer schneller verrinnt. In der Rückblende war Hinnerk Hoyer mit seinem bisherigen Lebensabschnitt zufrieden. Seine Republikflucht gelang ihm gut zwei Jahre nach dem Mauerbau – wie erwartet über See. Seine weiteren Berufstätigkeiten waren immer maritim ausgerichtet: Wissenschaftler am Institut für Schiffbau – dabei einmal auf Forschungsexpedition mit der »Meteor 2«, Schiffsbauaufsicht beim Germanischen Lloyd und zuletzt Entwicklungsleiter bei einer großen Schiffbaufirma.

Seine Freizeit galt seinem Hobby. So entwarf er einen Jollenkreuzer, den er gemeinsam mit einer Seglergruppe als eines der ersten Kunststoffboote in einer Kleinserie herstellte. Mit solch einem Boot führte er die Flucht einer alten Freundin aus der DDR durch. Mit ihr hatte er in erster Ehe die Kinder Helge und Wiebke, die beide die Segeltradition mit Hinnerk fortsetzten. Es kam zum zufälligen Wiedertreffen mit einer früheren Freundin, die vor 20 Jahren noch Oberschülerin war, zur neuen Liebe, zur siebenjährigen, offenbar längsten Scheidungsgeschichte und danach neuer Trauung, und, während die Kinder nach ihrem Studium eigene Weg gingen, zu neuem Glück.

Beruflich musste Hinnerk in seiner Entwicklungsabteilung kreativ sein und hatte auch viele Erfolge. Oft musste er sich mit risikoreichen Innovationen gegen seinen Vorgesetzten durchsetzen, sodass sich allmählich Spannungen aufbauten.

Hier nur ein Beispiel aus der Zeit als Energieeinsparung auf Schiffen angesagt war. Dazu hatte Hinnerk sich ausgedacht, die Bordnetzversorgung eines Schiffes umsonst aus der Abgasenergie, die ja im wahrsten Sinne des Wortes aus dem Schornstein hinaus verschleudert wurde, zu gewinnen. Dabei kann diese Energie bei großen Containerschiffen ausreichen, eine Kleinstadt mit Strom zu versorgen. Ein Teil der Abgasenergie wird ja wie analog bei einigen Autos zur Turboaufladung verwendet. Der Rest der

Abgasenergie könnte über Abgasturbine und angekuppelten Generator durch elektronische Steuerung das Bordnetz speisen.

Solch ein Schiff könnte bei Reisegeschwindigkeit – zum Beispiel von Cuxhaven bis vor New York – über die ganze Reisezeit ihr gesamtes E–Werk abstellen.

Diese Idee wurde jahrelang in der Schublade zurückgehalten, respektive halbherzig propagiert, da sie angeblich andere gut gehende Produkte ersetzen würde und Entwicklungsgeld fehle. Erst als Hinnerk Großdieselhersteller dafür interessieren konnte und Jahre später von Brüssel eine knappe Million an EU-Fördergeld eingeworben hatte, wurde spät mit der Entwicklung des Systems begonnen. Eine Probeanlage wurde erfolgreich gebaut. Doch wie sich herausstellte – zu spät. Denn die Entwicklung der Dieselmotoren war weitergegangen und die überflüssige Abgasmenge reichte nicht in jedem Falle für den Ersatz des Bord-E-Werkes aus. Doch ohne die Bremsung durch den Chef wäre das Produkt schon lange eingeführt und – was heute wichtig ist – es wäre Stand der Technik.

So reichte es nur noch, um anderen die fachliche Kompetenz der Firma zu beweisen, wie zum Beispiel zur Repräsentation vor indischen Fachleuten, die einen Vortrag dazu anforderten. Der Chef behielt sich solche Auslandsreisen gern selbst vor, konnte aber diesmal terminlich nicht und bestimmte den Asien-Referenten Lutz Birgel dazu. Der kam sofort mit Hinnerks Vortrag und zwei Flugtickets, um Hinnerk zum Mitfliegen zu bewegen, da er sich überhaupt nicht kompetent für diesen wissenschaftlichen Vortrag fühlte. So ein exotischer Ausflug kam dem Hinnerk sehr gelegen, und er stimmte natürlich zu. Unter dem Motto: »Wie kann ich am besten einen Untergebenen verärgern«, wurde untersagt, dass Hinnerk seinen eigenen Vortrag selber hält und dafür eine Unterweisung von Herrn Birgel angeordnet.

Der Chef ging sogar noch weiter, denn nebenbei stellte er sich auch noch als Wohltäter dar, indem er rausließ:

»Diese scharfen indischen Gala-Essen sind sowieso nichts für Europäer, wie ich letztes Mal mit nicht endendem Durchfall feststellen musste – seien Sie nur froh, dass ich Sie davor bewahrt habe.«

Dazu fiel dem Hinnerk überhaupt nichts mehr ein. Aber derartige Ereignisse führten dazu, dass er und seine Entwicklungs-Crew sich immer mehr vom »overhead« entfernten und viele Dinge in eigener Regie machten.

Als nun die Frühverrentung in Mode kam und auch bei Hinnerks Firma eine Schrumpfaktion des Personals anstand, fand sich Hinnerk auch auf der Liste. Einerseits fehlte ihm noch ein Jahr zum offiziellen Rentenanfang, andererseits hätte er ein Jahr mehr zum Segeln. Auch ließe er eine Abteilung zurück, die anerkannte Kompetenz über die Firma hinaus hatte und aus deren Reihen er leicht ersetzt werden könnte. Aber gerade weil er so erfolgreich gewesen war, bedeutete seine Freistellung ein Affront, dem er begegnen musste. Seine Reaktion hieß: »Zustimmung: Ja, aber minimal fünfstellige Abfindung.«

Wie groß muss doch der Wunsch des Vorgesetzten gewesen sein, Hinnerk los zu sein, denn zwei Tage später war die Forderung genehmigt und bedeutete eine gute Anzahlung für eine Traumyacht. Das Ausscheiden aus der Firma sollte erst im Herbst zu seinem Geburtstag stattfinden, womit ein ganzer Segelsommer vertan wäre. Daher Zusatzbedingung: »Kündigung ein Vierteljahr früher!«

Als auch das zugesichert wurde, konnte Hinnerk mit der Planung von Yacht und Freizeit beginnen.

Die wichtigste Frage war erst einmal: Welche Yacht? Ein erfahrener Yachtbroker sagte einmal: »Wenn ein potentieller Käufer mit seiner Dame eine Yacht besichtigt, achte ich nur auf das Verhalten und die Meinung der Frau, denn die entscheidet.« Ganz so lag der Fall hier nicht, denn bei seiner Freistellung wäre Hinnerk 64 Jahre alt, während seine junge Frau dann noch 16 Jahre als Lehrerin fronen müsste. Hinnerk hätte also viel mehr Freizeit.

Einerseits liebte seine große, schlanke Christin mit ihren langen blonden Haaren schon mal – gekonnt modisch gekleidet – sich ins Theater oder sonst gut ausführen zu lassen und sie genoss und wusste es, wenn sich die Männer nach ihr umschauten, andererseits würde sie mit ihrem Hinnerk aus Liebe auch hin und wieder das einfache und entbehrungsreiche Leben an Bord teilen, nur primitiv dürfte es nicht sein. Dass das so war, hat Hinnerk schon einige Sommer mit seinem selbstgebauten, 30 Jahre alten Kunststoff-Jollenkreuzer auf langen, gemeinsamen Ferientouren erfahren: Eine Tour ins Wattenmeer, eine Tour rund um Rügen und gleich nach der Wende auf den masurischen Seen. Nun, obwohl seine Traumfrau feinsinnig war und das Ästhetische liebte, eben die Prinzessin auf der Erbse mit geringem Toleranzbereich an Wohlfühltemperatur und Wohlfühlumgebung ist, machte sie mit einer romantischen Kulisse, viel Natur und Abenteuererlebnissen schon mal Abstriche an Bequemlichkeit und vorschriftsmäßigen Manieren. Die Polenreise kurz nach der Wende hat das bewiesen.

*

Diese Masurenreise war eine »drive and sail tour« zu viert, da der Sohn Helge und seine Freundin mitfuhren. 1992 waren die Verhältnisse in Polen noch stark vom Mangelsozialismus geprägt, wie das erste Abendessen an einer Snackbar hinter Bromberg zeigte. Zwei Essen standen zur Auswahl: eine Kartoffelsuppe, die fast nichts kostete und eine teure Suppe, die sie wählten, die man ihnen aber nicht erklären konnte. Sie krochen dann alle in die Bootskojen auf den Trailer. Am anderen Morgen gelang ihnen die Übersetzung des Essens. Sie hatten gehackte Kuheuter (Kuddeln) gegessen. Als selbst Christin dieses Essen und die klaustrophobische Enge der Zweimannkajüte mit vier Personen gut überstanden hatte, meinte Hinnerk zu ihr am Morgen:

»Das war doch schon mal eine Vorprüfung für eine spätere große Yacht, und du hast sie bestanden.«

In Nikolaiken ging das Boot zu Wasser und die erste Etappe begann: Eine Woche Segeltour von Hinnerk und Frau nach Süden und eine Auto-Zelttour der beiden jungen Leute.

Eine unvergessliche Woche war das Segeln bei typischem Kontinentalklima im Juli: heiterer, unwahrscheinlich weiter Himmel, glasklares Wasser und Einsamkeit auf dem Spirowsee, soweit das Auge reicht; Übernachten ohne Anker im Schilf inmitten Seeroseninseln; Besuchen kleiner, unbewohnter Inseln mit nächtlichem Mückenschutz vor dem Bootsniedergang; Kurzbesuche in kleinen Häfen wie im Osten des Sees in Okartowa (früher Eckersberg) und dessen gut erhaltener, deutschen Kirche (Bestätigung von Ehemaligen / Heimattouristen), im Süden Zdorny nahe Johannisburg – ein uraltes Dorf mit zehn Storchennestern, wo Hinnerk Wasser holen musste, indem er es aus einem alten Brunnen eines Gehöftes hochkurbelte; nach Groß-Weißuhunen mit einer Kirche der evangelischen Augsburger Konfession, die nach Schlüsselerhalt besichtigt wurde (welche Toleranz – alles wie seit 100 Jahren und sogar die Namenstafeln der Helden des 1. und 2. Weltkrieges); auf der anderen Seite des langen Rudzcani-Sundes wurde das Boot zurückgelassen für eine Wanderung mit dem Kompass durch den Urwald bis zum Ort Utka, der an der Krutynia liegt – ein naturbelassener, klarer Fluss – wo im ganzen Ort kein Restaurant aufzutreiben war. Also ging's zurück, um an Bord eine Aldi-Dose aufzumachen.

Abendessen an polnischer Snackbar: Helge, Freundin und Christin mit dem Jollenkreuzer-Selbstbau.

Schließlich Ruciane Nida im Westen, wo Helge und Freundin eine ereignisreiche Tour nach Warschau hinter sich hatten und auf das Boot zur Übergabe warteten. Hinnerk konnte nun in der Plicht bei gutem polnischem Bier und dem Duft seiner obligatorischen Tabakspfeife einen ausgiebigen Wissensaustausch über die Seen und Straßen betreiben.

Bei der nachfolgenden Autotour, die Hinnerk und Frau über Rastenburg und Frauenburg zum Frischen Haff unternahmen, blieben als stärkster Eindruck der klare Himmel und die endlosen Straßen Ostpreußens mit hohen Alleebäumen, die noch nicht wie in Deutschland der Sicherheit der »freien Fahrt freier Bürger« geopfert worden waren.

Während sich in Frombork / Frauenburg Polen und Deutsche völlig unnötig über die Nationalität von Nicolaus Kopernikus, des berühmtesten Sohnes der Stadt, streiten, erfuhren Hinnerk und Christin in Stuthoff / Sztutovo bei der Pension der Familie von Mach (man spricht deutsch) gelebte deutsch-polnische Kooperation.

Die Wirtin erzählte ihre Familiengeschichte. Bereits ein Jahr vor Kriegsende wurde einsichtsvoll im Familienrat beschlossen, dass sie, die damals junge Hebammen-Schülerin in Danzig war, mit ihrem späteren Mann, einem polnischen Arzt, dort bleiben und die anderen sich früh nach Westen absetzen sollten. Die deutsch–polnische Zusammenarbeit war später so gut, dass ihre Kinder in Deutschland studierten und die Pension, durch ihre Verwandtschaft unterstützt, mit westlichem Komfort ausgestattet wurde, den Hinnerk mit Frau nun inclusiv gutem Fischessen genoss.

In Elbing traf man ein ganz verzweifeltes deutsches Ehepaar, das aus Vorsicht ohne Auto in die alte Heimat gereist war und denen man gerade gleichzeitig Geld und alle Papiere in der vollen Straßenbahn geraubt hatte. Hinnerks alter Volvo war zum Glück schon im betagten Alter von 17 Jahren und damit jenseits aller Gelüste polnischer Diebe.

Über die Städte Danzig und Marienburg ging die Reise zur zweiten Übernahme des Bootes nach Nicolaiken. Während nun Helge und Freundin das nördliche Polen mit Auto entdecken wollten, waren die nördlichen Seen Hinnerks Ziel, eine bewährte Freizeitteilung.

Hinter Nikolaiken wurde mit gelegtem Mast der über 100 Jahre alte Kanal zum Löwentinsee durchfahren und durch Lötzen ging es zum romantischen Mauersee, wobei der noch gut erhaltene Herrschaftssitz Steinort des Widerstandskämpfers Graf Lehnsdorf besucht wurde. Auf der Rückfahrt wurde noch der Rheinsee bis zur Ordensburg Rhein durchsegelt.

Zu Hause in Hamburg war Hinnerk sich mit allen Teilnehmern einig: Eine so interessante und preiswerte Reise hatte man noch nie gemacht, obwohl die Umstände teilweise äußerst einfach waren (wo sich aufhört die

Kultur, da beginnt sich der Masur) – und seine Christin hatte die Reise bestens durchgestanden.

*

Vor der Entscheidung eine größere Yacht zu kaufen, wurde erneut Christins Seeverträglichkeit auf einer Jubiläumstour mit dem alten Jollenkreuzer in die dänische Südsee getestet. Nach 30 Jahren, die man dem Jollenkreuzer und der Christin überhaupt nicht ansah, haben der moderne Segelbetrieb und die Touristik die Inseln und deren Infrastruktur total verändert. Christin erstaunte immer wieder. Als sie vor Birkholm waren, rief sie aus: »Hinnerk, sieh dir doch den Hafen von Birkholm an, damals lagen wir allein an der einsamen Hafenpier, du holtest mir ein Eis aus der Kneipe und auch an das Nacktbaden hinter der Mole erinnere ich mich noch.«

Hinnerk, der gleich vor dem großen, neuen Hafen kehrtmachte, als er die dicht gedrängten Boote sah, erwiderte:

»So sieht es heute wohl überall aus. Ehe wir uns hier mit reindrängen, lass uns draußen am Ostzipfel am Ufer festmachen.« Dort lag man wieder für sich allein. Das war jedoch nur mit dem Jollenkreuzer möglich, der bei aufgezogenem Schwert einen Tiefgang von knapp 20 Zentimetern hatte.

In Marstal war es wirklich ähnlich voll. Es war gerade noch ein Plätzchen für seinen Jollenkreuzer gleich vorn neben den Großseglern frei.

»Hier haben wir damals auch festgemacht. Eigentlich müssten wir ganz nach hinten, dort wird nach Bootslänge einsortiert«, meinte Hinnerk.

Später, nach dem Besuch der alten Schifffahrtsstadt, war Christin doch zufrieden, indem sie feststellte:

»Ein Glück, dass das alte romantische Städtchen seinen Reiz noch nicht verloren hat.«

Als sie abends noch auf ein Tuborg-Bier ins Restaurant gingen, erinnerte sich Hinnerk: »Das Bier ist hier auch noch unverändert teuer.«

»Wenn alles so wie vor 30 Jahren für uns ist: Das Städtchen, der Liegeplatz, das Boot und wir«, flüsterte später Christin in der Kajüte ihrem Hinnerk zu und kuschelte sich an ihn, »dann lass uns nur da weitermachen, wo wir damals aufgehört haben.«

Später sinnierte Hinnerk: »Hat was für sich, solche Erinnerungstour.«

Morgens hatte sich ein frischer Nordwest entwickelt, das würde eine schnelle Rückfahrt in die Kieler Förde bedeuten.

In Kiel-Heikendorf saß man dann abends bei dem alten Freund Bernd und seiner Frau gemütlich zusammen. Hinnerk war zufrieden, als er erzählte: »Die Kieler Bucht kann ganz schön hohe und steile Wellen für unsere Jolle hervorbringen, wie wir heute erlebten, aber die bis zwei Meter hohen Roller kamen zum Glück quer zum Kurs und nun, wo Christin diese Schaukelei – zwar mit etwas Schimpfen – so gut überstanden hat, kann ein neueres, größeres Boot andiskutiert werden.« Bernd, damals der beste Schiffbaustudent seines Jahrgangs in Rostock und nun Professor an der Marineakademie und anerkannter Segeltheoretiker, kam nun gleich auf die besten, schnellsten und seetüchtigsten Yachten zu sprechen.

»Regattaschiffe«, Hinnerk winkte ab. »Das ist nicht mein Ding, weil die Boote bis an ihre Grenze belastet werden müssen. Na, du wirst dich noch erinnern – warst doch dabei bei dem Reinfall mit dem ›Wodan‹ bei der Regatta ›Rund Rügen‹ – war wohl 1957. Bei etwas mehr Wind riss uns das morsche Großsegel aus Baumwolle quer durch und wir trieben ohne Motor dahin.«

Bernd fügte hinzu: »Dann kam mit Dunkelwerden doch noch ein Versorger der Volksmarine, der bei dem Seegang nach einer halben Stunde endlich die Abschlepptrosse fest kriegte. Doch dann führte die mangelnde Seemannschaft der Volksmarine fast zu einer Katastrophe: Nach circa einer Stunde Abschleppzeit hatte der Tender seine Fahrt immer mehr gesteigert, ohne einen Blick zurück. Der ›Wodan‹ mit seiner kurzen Wasserlinie wurde mit fast 14 Knoten geschleppt und schnitt achtern bereits unter Wasser. Und als alle unsere optischen und akustischen Signale ohne Reaktion blieben, hatte der Dieter mit dem Beil die Trosse gekappt, um das drohende Sinken des Bootes zu verhindern. Dann sahen wir den Tender im Dunkeln Richtung Sassnitz verschwinden.«

Diese Erinnerungen hatten bei Hinnerk automatisch einige zusätzliche aromatische Rauchwolken aus seiner Pfeife entlockt. Aber nach dem Abwerten der Regattatätigkeit meinte er, dass seine Vorstellungen schon in Richtung moderner Unterwasserlinien für seine Traumyacht gehe, aber

Dieter kappte mit dem Beil die Trosse

ausgesprochen schnell müsse sie nicht sein, das wäre auch nicht sein Ding. Denn ein schnelles Boot mache nach seiner Erfahrung keine Freunde unter Seglern, und nach allgemeinem Erstaunen der anderen begründete er diese These mit einem weiteren Erlebnisbericht:

»Früher hatte ich doch mal die SHARK 24, den segelnden Bleistift (lang, schmal, schnittig) mit zehn verschiedenen Segeln, um sich an alle Wind-verhältnisse anpassen zu können. Mit Frau und Kindern (sieben und neun Jahre) machte ich einst den weitesten Trayler-Trip bis Otranto und dann nach Griechenland unter Segeln.

Einmal waren wir in dem geschützten Hafen der bis dahin von Touristen verschonten Stadt Mesolongion bei steifem Ostwind eingeweht. Eine große englische Yacht traute sich auch nicht raus. Als es nach zwei Tagen auf 6 Bft bei schönstem Sonnenschein abflaute, berieten wir uns und verabredeten, gemeinsam den Hafen Sami auf Kephalonia als nächstes Ziel anzulaufen. Der wirklich nette Skipper meinte noch, er wolle zehn Minuten später los, damit er da sei, wenn uns was passiere und so hätte er uns immer im Blick. Zuerst stimmte das auch. Nach einer Stunde, als er schon mit dem Spinnacker fuhr, kreuzte er vor dem etwas abgeflauten Wind hin und her, blieb aber weiter zurück und war schließlich nicht mehr zu sehen. Nach-mittags im Hafen konnte ich zuerst beim Kaffeetrinken und später beim Bier keinen ankommenden Engländer erkennen.

Am nächsten Tag – nach Ithaka versegelt – wen ich dort liegen sah, das könnt ihr euch wohl denken. Der englische Skipper wich meinem Blick aus, als hätte ich ihn beleidigt. Nun, mir war das peinlich. Dabei war er gewiss ein ausgezeichneter Segler, nur sein Boot hatte halt alte Linien und lange Überhänge, sodass seine Rumpfgeschwindigkeit kleiner als erwartet war. Dagegen hat die SHARK eine wirksame Länge, die fast der Gesamt-länge entspricht. Außerdem konnte man nicht wissen, dass die SHARK ein Kielschwerter ist, dessen Reibungswiderstand bei hochgeklapptem Schwert vorm Wind erheblich reduziert ist. Der Engländer hatte sein Boot über-schätzt. Aber mein neues Boot muss nicht gerade schnell sein!«

Nachdem dieser Punkt geklärt war, brachte Christin eine neue Sicht in die Betrachtung für ein Boot ein.

»Vielleicht kann mir einer erklären, warum man die meiste Zeit – zum

Beispiel, wenn es draußen ungemütlich, kalt, nass, windig oder dunkel wird – runter in den Keller, ich meine in die gewöhnliche Kajüte abtaucht, während man doch die romantische Umgebung, Nachbarn, Hafen und das Meer sehen und erleben möchte. Selbst jedes Passagier- oder Kreuzfahrtschiff bietet Außenkajüten zum erhöhten Preis an.«

Darauf antwortete Bernd:

»Das ist wohl wahr. Aber die Yachten sind im Allgemeinen zu klein für Deckshäuser und…«, da kam bei ihm der Schiffbauer durch, »die Außenhaut des Rumpfes muss den Seeschlag der Brecher aushalten, sodass darin nur kleine Bulleys vorgesehen werden können.«

Und Hinnerk ergänzte:

»Es gibt Werften, die versuchen diesen Widerspruch zu lösen und dabei kamen so genannte Deckskabinenkreuzer heraus, die aber erst ab zwölf Meter Länge akzeptabel sind, da die Aufbauten sonst als ›Kuchenbude‹ einen unästhetischen Windfang darstellen und geringere Seegängigkeit bewirken. Bei größeren Deckskabinenyachten werden die Aufbauten oft sehr kompakt und überdimensioniert gebaut und die Rümpfe sind nicht die schnellsten wie bei den Motorseglern der Reihe Nauticat. Andere, von außen gefällig aussehende Deckskabinenkreuzer ab zwölf Meter Länge, haben andere Nachteile wie bei den Oisterschiffen – die sind nur für Millionäre zu haben und der DK-Kreuzer von Dehler scheint als optimales Leichtbauboot von Rennziegen abzustammen.«

Aber Christin fand alle Einwände nicht überzeugend und brachte Hinnerk dazu, in dieser Richtung weiter zu suchen, um diese besonderen Vorstellungen und Wünsche an eine Yacht auch zu erträglichen Preisen zu realisieren. Die Vorstellungen einer Traumyacht für Hinnerks Ruhestand wurden jetzt noch abgerundet durch die Fragen: Welche Ziele und welche Segelreviere? Aber ab einer Länge von zwölf Metern sollte jede Yacht für alle Reviere ausreichend seetüchtig sein.

Bernd, der noch an die Studentenzeit in Rostock dachte, warf gleich ein: »Der von dir oft erwähnte Europatörn, das wäre doch mal was, Hinnerk, dazu gehört auch ganz Skandinavien und damit knüpfst du an unsere abenteuerlichen DDR-Reisen an.«

2. Wie Hinnerk sein Boot sucht, findet, kauft und Reparaturfahrten macht

Die Suche nach der Traumyacht mit Decksalon, modernem Entwurf und einfachen, notfalls von einem Mann zu beherrschendem Handling war auf dem inländischem Markt 1997 erfolglos. Die Höhe des Kaufpreises bei Schiffen dieser Größenordnung rechtfertigt die Inanspruchnahme eines Brokers, vor allem, da die Suche auch auf das Ausland ausgedehnt wurde und dadurch zumindest eine scheinbare Sicherheit gegenüber großen Verlusten beim Kauf vorhanden ist.

Zwei Yachten vom Typ Moody Eclipse 43, die nach den Angebotsunterlagen Hinnerks Vorstellungen entsprachen, standen auf Mallorca zum Verkauf. Christin war mit der Übernahme eines Bootes im Mittelmeer einverstanden. Sie gönnte ihrem Hinnerk seine Ambition, mit Freunden und Kindern gegebenenfalls auch ohne sie in der Zeit zu segeln, in der sie sowieso voll im Schulstress als Lehrerin tätig wäre. Und außerdem hatte sie zu Hause ihre Familie und viele Freundinnen, denen sie sich dann ausgiebig widmen konnte.

Es wurde auch ausgemacht, dass die Schulferien im Frühjahr, Sommer und Herbst weitestgehend gemeinsam auf dem Boot verbracht würden.

Also, Absprache mit dem Broker, Herbsturlaub in Paguera, in dessen Nähe die Yachten lagen. Es war offensichtlich, dass die Urlaubsatmosphäre am Mittelmeer den Kaufentschluss beschleunigte. Die Tatsache, dass die Boote aus einer Kleinserie einer renommierten Werft stammten, machte den Entschluss leichter: Eines gehörte einer englischen Bank und war kaum (500 Stunden Motorfahrt) – wohl nur zu Repräsentationszwecken – gesegelt, daher gepflegter als das andere und für Hinnerks Frau aus ästhetischen Gründen vorzuziehen. Es kam zu einer Probefahrt mit dem Engländer John, der mit seiner Frau in Santa Ponsa die Bootsaufsicht hatte. Diese Fahrt blieb nicht ohne Folgen. Hinnerk und Christin hatten schon eine herrliche Badewoche mit Sonne und leichten Winden hinter sich. Morgens beim Ablegen zur Probefahrt sah es wie immer freundlich aus, nur der höchste Berg, der Ping Major mit fast 1500 m hatte ein weißes Mützchen auf. John, der zu seiner Entlastung meinte, dass er eigentlich Motorbootfahrer sei, sagte zu Hinnerk gleich zu Anfang: »Go on, it is your turn«, und damit war Hinnerk mit dem Segeln beschäftigt, da er sich erst einmal in das »furling in mast sail system« einarbeiten musste.

Ziel war ein Ankerplatz in der nächsten Bucht westlich von Paguera. In Kürze ging der Wind auf 6, später 8 Bft hoch, was bei Vollzeug das Schiff erst einmal krängen ließ, und während John und Hinnerk unter Anstrengungen und mit Fehlversuchen endlich das Groß wegrefften, rief Christin von innen, als die Frauen unter Deck gingen:

»Wassereinbruch, Hinnerk, komm schnell!« Und dieser stellte anschließend fest, dass die ganzen Bulleys offen geblieben und das Boot bis über die Bodenbretter vollgelaufen war.

Die Lenzpumpe schaffte das Wasser schnell raus. John bog ab in Lee des Kaps Antrixtol und ging dann vor Anker, während der stürmische Wind zum Nachmittag allmählich nachließ. Beim Lunch mit Chicken & Chips und Rotwein versicherte John, dass die Werft das Boot wieder richten würde. Hinnerk konstatierte erstmal im Stillen: Ankerwinsch, automatische Lenzpumpe, Reffeinrichtung und Segelstand sind o.k. und Luken im Rumpf werden immer nur im Hafen geöffnet gelassen!

Christin hatte sich trotz dieses aufregenden Zwischenfalls in das Boot verliebt. Also wurde in Hamburg 10 % der Maklerforderung runtergehandelt und gekauft. Übergabe war aber erst im Frühjahr geplant, um gleich die erste Tour machen zu können. Die Bootsübernahme erfolgte in den Osterferien und war ein Beispiel, wie man es als Käufer im Ausland nicht machen sollte. Man darf sich nicht unter Zeitdruck setzen lassen, und genau das passierte Hinnerk, der möglichst schnell seiner Christin die eine Urlaubswoche an Bord bieten wollte. Es wurde davon ausgegangen, dass alles an Bord in Ordnung sei. Warum dann erst an Land Quartier nehmen, lieber mit Gepäck an Bord, Anlagen überprüfen und Segel auf und los.

Alle Punkte wurden nach Liste im Beisein des Maklers abgehakt. Restpunkte waren ein Defekt im Heater und ein Kurzschluss im 220-Volt-Netz. Deren umgehende Behebung wurde vom Makler zugesichert und bei der

Werft in Santa Ponsa in Auftrag gegeben. Das Boot gehörte nun Hinnerk, aber auch die Erledigung der Restpunkte, und hier lag die Crux.

»Null problemo«, wurde von der Werft zu den beiden Defekten gesagt, und zwar vom ersten bis zum letzten Tag des Urlaubs. Lichtblicke waren nur einige Tagestörns unter Segeln, die Hinnerk doch noch mit Christin bei Bilderbuchwetter durchführte. Der Werft gelang es jedenfalls nicht mal einen Ersatz für den Wassererhitzer oder wenigsten einen neuen Thermostaten zu beschaffen. Auch der Kurzschluss konnte in der Osterwoche nicht beseitigt werden.

Zu den Sommertörns waren außer Christin auch noch Sohn Helge mit Freund Chris dabei, und obwohl ein weiterer Restpunkt – Brennstoffleck am Motor, also Dieselöl unter dem Motor – dazukam, gab Hinnerk das Motto aus: »Repairing by sailing«.

Schließlich waren nun genug Fachleute an Bord, denn außer Hinnerk war Helge ein gerade diplomierter Maschinenbauingenieur und Chris ein hoffnungsfroher Physikstudent; außerdem minderten die Restpunkte die Seefähigkeit der Yacht nicht. Die Tour führte rund um die Balearen zu wunderschönen Buchten und interessanten Häfen, aber auch zu technischen Havarien, bis am Ende der Reise das Schiff seeerprobt und die Mannschaft schiffsbetriebstechnisch in Hochform war.

Erstes Ziel war Andraitx, ein von hohen Felsen umgebener idyllischer Hafen, der fast vollständig in »deutscher Hand« war, das betraf nicht nur die Yachten, sondern auch die Touristen, ja sogar die vielen Luxusliegenschaften im Umkreis um den Hafen. An der Gästepier legte man so genannt »katholisch«, d.h. senkrecht zur Pier, an der Boje an. Das große Hafenbecken erlaubte ein Aufschießen und Segelbergen vor der vorhandenen Lücke an der Pier. Bis jetzt hielt sich Hinnerk für einen Könner und registrierte stolz, dass sein schönes, großes Schiff von den anderen Gästen verstohlen bewundert wurde. Was dann folgte, kam einer Katastrophe gleich.

Schulmäßig einwandfrei das Anfahren mit kleiner Motorkraft, 180°-Stb-Drehen und Abstoppen, sodass das Heck vor dem Liegeplatz zum Stehen kam, mit Motor langsam in die Lücke – aber das Heck drehte nach Stb weg; neues Spiel mit erstem Knurren von Hinnerk: VL, Stopp, LR – Boot drehte wieder weg. Längerer, schnellerer Anlauf mit HR, da eine Yacht mit Kurzkiel schlecht rückwärts zu steuern ist und es bei höherer Fahrt günstiger wird – jetzt erfolgte unter heftigem Schimpfen von Hinnerk und hämischem Lachen der Zuschauer ein schnelles Ausbrechen nach Stb, sodass die Yacht beim Abstoppen quer zur Lücke lag.

Keiner an Bord wagte zu grinsen oder einen Mucks zu sagen, weil man nicht wusste, ob der Skipper dann explodieren würde. Hinnerk gab auf – aber das Boot konnte nicht ungeeignet sein, denn vorsichtshalber hatte Hinnerk das Rückwärtsfahren vorher schon mal auf See probiert.

Zum Glück gab es keine Strömung im Hafen und ein Boot neben der Lücke fuhr weg, sodass ein Platz zum Längsfestmachen der Moody entstand. Das Manöver gelang einwandfrei, da jetzt das Querstrahlruder und der geringe auflandige Wind die Yacht in die Lücke bewegte. Die Nachbarn übernahmen wohlwollend die Vor- und Achterleinen und fragten schadenfroh:

»Seid wohl von der Kelly-Familie?« Diesen Tiefschlag steckte Hinnerk ruhig weg mit: »Nee, vom Erprobungskommando.«

Kaum festgemacht, kroch Hinnerk in den Ruderraum. Gleich darauf verlangte er einige Schraubenschlüssel. Doch alles Suchen von Chris, Helge und Christin brachte als Werkzeug nur einen einzigen Schraubenzieher zum Vorschein.

Jetzt war vieles erklärlich: Die äußerlich neu aussehende Yacht war wenig gesegelt, kaum gefordert worden; die gut situierten Yachtvorbesitzer von der Bank ließen sie von der »null problemo-Werft« warten. Also war kein Werkzeug an Bord. Die Inspektionen mussten sehr oberflächlich gewesen sein, denn die Drahtseile, die zum 2. Steuerstand in die Deckskabine führten, hatten sich mit den Jahren gereckt, waren aber nicht nachgespannt worden. So waren sie jetzt vom Ruderquadranten gesprungen und hatten diesen in der Mittschiffsstellung festgehalten und das Ruder nach Bb blockiert. Mit geborgten Schraubenschlüsseln war der Schaden in zwanzig Minuten behoben. Weitere Kontrollen ergaben, dass einer der vier Fundamentbolzen des Motors lose war und angezogen werden musste.

Ein Gutes hatte solch eine preiswerte Eigenreparatur: Es hob das Selbstvertrauen und das Vertrauen in die Yacht.

»Morgen geht's nach Ibiza, und heute Abend haben wir uns ein Restaurantessen verdient«, das kam vom Skipper und ab ging es dahin, wo eine Speisekarte deutsche Küche anpries.

Ein kräftiger SO bewirkte, dass das Boot bereits am folgenden Abend in der wunderschönen Naturbucht Cala Portinax in Nordibiza vor Anker lag. Chris kontrollierte mit Tauchbrille zuerst den guten Sitz des Ankers; dann machten Helge und Chris das Beiboot klar und verbanden die Müllentsorgung mit einem zünftigen Landgang. Mit einem Badegang über die Heckplattform und einer Bierrunde auf Grund der schnellen und exakten Segelei schien für die Moody-Crew die Ferien-Bordroutine angelaufen zu sein.

Bei leichten Winden segelte die Yacht dicht an der Westküste Ibizas entlang nach Süden. Helge konnte mit dem Fernrohr die »Schönen und Reichen« bewundern.

»Hol uns mal den Rotwein, Chris, es ist nach elf Uhr, wir dürfen, und dann wird es erst richtig gemütlich.« Hinnerk hatte bereits den Plichttisch aufgebaut. Chris kam bald mit der Buddel und füllte die langstieligen Gläser.

»Du meinst es gut«, meinte Hinnerk, »aber Vorsicht, seegehend sind die nicht.« Die Buddel war noch nicht alle, als ein vorbeirasendes Speedboot alle Gläser auf den Plichtboden kentern ließ, sodass es von allen bös beschimpft wurde.

»Hol die unzerbrechlichen Moody-Becher«, meinte Helge, »der Skipper wird unser Lehrgeld schon zahlen.« Doch diesen schönen Tag ließ Hinnerk sich nicht von solch einem Kleinkram verderben, und er griente nachsichtig.

So richtig als sorglose »boatpeople« fühlte sich die Crew in der Cala Batella, die wohl mit Recht als landschaftlich schönste Bucht Ibizas gepriesen wird und in der zünftig mit Leine an Land und mit Anker vermoort festgemacht wurde. Wandern in der mediterranen Vegetation, die hier bis dicht an das Ufer heranreicht, Tauchen in glasklarem Wasser, Grotten- Expeditionen der Jungmannschaft mit motorisiertem Beiboot zu den Höhlen am Eingang der Bucht – es gab vieles oder auch nichts zu tun – wie man wollte. Nur der Zeitplan und die günstige Wetter-Prognose vom Wetterfax, das der Physikus Chris in Gang gesetzt hatte, trieben nach zwei Tagen zur Weiterfahrt Richtung Inselhauptstadt.

Der stete NO ermöglichte die Umrundung des Südzipfels Ibizas durch die Rinne Freu Grande in einem Schlag und anschließend einen Anliegerkurs auf Ibiza-Stadt. Es war eine von allen genossene »Rauschefahrt«, bei der die Spritzfontänen beim Eintauchen des Bootes in die langen Wellenkämme kleine Regenbögen im Sonnenschein und für die an Deck in Badehosen liegende Freiwache die gewünschte Abkühlung erzeugten. Schon konnte Hinnerk am Horizont die näher kommende Hafeneinfahrt erahnen, als er in die Realität zurückgerufen wurde:

»Hinnerk, komm schnell, die Genuawinsch macht sich selbständig!« Chris zeigte erschreckt auf die große 2-Gangwinsch, die mit jedem Wellenschlag aufs Schiff etwas weiter aus ihrer Befestigung herausgezogen wurde.

»Klar zur Wende!«, schrie Hinnerk, der die Gefahr sah, dass die Winde gleich unwiederbringlich verloren gehen könnte. Chris steuerte sofort durch den Wind, während Helge gleichzeitig die Genua loswarf, und das in letzter Sekunde. Denn von den zwölf Befestigungsschrauben der Type M8 steckte nur noch eine in ihrem Loch und dabei ohne Mutter. Die Genua wurde weggerefft, und mit dem Großsegel und später unter Motor wurde die Marina Puerto de Ibiza erreicht.

Nun sollte das Unerklärliche aufgedeckt werden. Zum Glück war die Unterseite der Winsch Bb im großen Schapp zugänglich. Wenn sie jetzt das Achterschapp von allen Teilen wie Fendern und Seilen befreiten, müssten sich die M8-Muttern und Unterlegscheiben finden. Um die Suche erfolgreich und schnell zu gestalten, wurde vom trickreichen Hinnerk pro gefundene Mutter ein Bier ausgelobt. Dieser Schadensfall wurde nun noch mysteriöser, denn es wurden trotz wiederholter akribischer Suche nur zwei Muttern gefunden. Mit je einem Bier als Belohnung wurde die Winsch von Helge und Chris mit neuen Muttern festgesetzt und stoppsicher vernietet.

Ibiza-Stadt ist eine Reise wert, wenn auch mit den bisher teuersten Hafengebühren. Besonders die Aussicht nachts über Hafen und Insel hinab von der oberen Festungsmauer ist einmalig. Die Jungmannschaft berichtete begeistert von ihrem abendlichen Stadtausflug. Selbst nach dem Auslaufen und während der spätabendlichen Fahrt längs der Ostküste schwärmten sie von ihren Begegnungen mit den jungen hübschen Touristinnen.

Querab des Hafens von Eulalia wurde es dunkel und die Positionslaternen mussten eingeschaltet werden. Als das Licht schwächelte, musste zum ersten Mal das Notstromaggregat die Batterie für die Überfahrt speisen. Das Gute dabei war, dass gleichzeitig auch das 220-V-Netz gespeist wurde. Denn mit Hilfe eines Schnellkochtopfs konnte dann im Nu für die Nachtwache ein heißer Kaffee gezaubert werden. Als der Wind einschlief und die Fahrt unter Motor fortgesetzt werden musste, ließ Hinnerk das Notaggregat stoppen. Gleich brach die Batteriespannung wieder ein. Die Motor-Lichtmaschine war also defekt.

»Gut, dass man einen Jockel (Stromaggregat) hat«, dachte sich Hinnerk und ließ ihn über Nacht laufen.

Nächsten Mittag lag die Moody wieder in einer bezaubernden, sicheren und kostenfreien Ankerbucht – in Porto Petro, und wieder ging es erstmal auf Fehlersuche. Sohn Helge machte seinem Beruf als Ingenieur gleich doppelte Ehre – er lokalisierte den Fehler als defektes Laderelais und, da wieder Brennstoff unter dem Motor war, fand er die Ursache dafür in der defekten Lecköllleitung. Beides wurde später in Alcudia gerichtet.

Nach dem Gesetz der Serie war am folgenden Morgen die Ankerwinde fällig. Beim Ankerhieven gab sie ihren Geist auf.

»Wer weiß, wofür es gut ist«, sagte sich Hinnerk und begann sogleich mit dem Einholen des Ankers Hand über Hand. Seine Devise:

»Alles muss auch ohne Automatik gehen«, wurde so erprobt und nach Start des Motors und Losbrechen des Ankers bei dichtgeholter Kette und nach Einholen und Festzurren des Ankers war der Test für den Ausfall der Ankerwinde bestanden.

Im Club Nautico des nahe gelegenen Porto Christo gibt es jetzt sehr gute Schwimmstege. Ein ruhiges Liegen der Moody ergab sich dort neben anderen Yachties. Hinnerks Stb-Nachbarn kamen aus Keflavik (Island); dass sie das ungewohnte milde Klima genossen, war offensichtlich. Der Bb-Nachbar, Patric aus Limington hatte schon das dritte Jahr im Mittelmeer überwintert und gab sofort an Hinnerk den Tipp für den schönsten und preiswertesten Winter-Liegeplatz – Almerimar an der Costa Tropica – weiter. Spontan bot er ihm auch Hilfe und Werkzeug an, die defekte Elektrowinsch zu reparieren. Schnell war ein Fehler der Fernbedienung und der Steuerung ausgeschlossen und Hinnerk erkannte aus alter beruflicher Erfahrung den Fehler im Gleichstrommotor. Damit begann ein einstündiges Martyrium des Skippers in der engen abgeschotteten Vorpiek (Kettenkasten), wobei die Beine außerhalb der Einstiegsluke im Eignersalon blieben. Bei circa 40° C im Schatten draußen gab es im Kettenkasten eine Finnische Sauna. Als endlich der Motor ausgebaut war, atmete er auf. Dann hörte er von Helge:

»Papa, dort oben vor dem Club ist ein Swimmingpool mit Außenduschen – etwas für dich« und deine verschmierte Badehose«, dabei wies er hoch zum Clubrestaurant über dem Steg.

Hinnerk war froh:

»Ihr habt das wohl schon ausprobiert. O.k., das werde ich tun. Nur bleibt zur Motor-Reparatur bitte hier, da ich gleich mindestens vier Hände brauchen werde, um die vorgespannten Bürsten am Kollektor zu händeln.«

So gab es anschließend eine Lehrunterweisung für die Motorwartung, denn tatsächlich war der Kollektorraum voller Kupfer- und Graphitstaub, der entfernt wurde. Nach Überarbeitung der Verschleißteile und der Montage wurde gemeinsam Proviant aus dem Ort geholt. Nach des Skippers Devise: »Wer arbeitet, soll auch essen«, war der Lohn ein Gala-Essen mit Rotwein oben im Clubrestaurant, dessen Fischmenü ausgezeichnet war. Es war gleichzeitig das Abschiedsessen für Chris, der nach Hamburg zurückflog.

Puerto de Alcudia (eine arabische Gründung, arab. der Hügel) wurde wegen der Reparaturmöglichkeit des Laderelais und der Lecköllleitung angelaufen. Das Laderelais wechselte Helge aus, während der Perkinsmotor vom Volvo-Service repariert wurde. Dann fiel einer der beiden Kühlschränke aus – eine Spätfolge des Seewassereinbruchs bei Johns Probefahrt. Man sah es dem Regler an, dass er unter Seewasser gewesen war. Beim Ausbau des Kühlschranks war Hinnerk am Verzweifeln. Die englischen Bootsbauer hatten nie an Wartung gedacht. Offenbar hat man zuerst den Kühlschrank in das leere Boot gestellt und dann die Pantry darum gebaut und fest verleimt. Da half nur die Säge. Ein Spezialist wurde von Palma nach Polensa beordert, der einen neuen Thermoregler und für den Heater einen neuen Thermostaten als Restpunkt der Bootsübernahme einsetzen sollte.

Während diese hoffentlich letzte Reparatur in Polensa erfolgte, ließ Hinnerk auch das Gassystem von englischen Flaschen auf Campinggasflaschen – die auf dem ganzen Kontinent üblich sind – auswechseln.

»So«, war Hinnerks Stoßseufzer, »jetzt ist das Schiff endlich runderneuert! Ab jetzt wird gesegelt – dazu sind wir doch hier.«

Nächstes Ziel war die alte arabische Hauptstadt Menorcas, Ciudadella. Ein schwacher Mistral brachte das Boot in wenigen Stunden dahin. Auf Stb-Bug segelnd erkannte Hinnerk, dass die Wanten dringend nachgespannt werden müssten. Da muss niemand den Skipper wieder erinnern – das war striktes Gebot: »Wenn an Bord ein Schaden erkannt wird, ist er sofort abzustellen!« Also wurde unter Segeln erstmal den Stb-Wanten, d.h. den Leewanten die meiste Lose genommen und im Bordbuch notiert, um dann baldmöglichst die Bb-Wanten nachzuspannen.

Sehenswertes wie die Kathedrale, das Altstadtviertel mit Kolonnaden und engen Gässchen – alles ist in Ciudadella gleich hinter dem malerischen Hafen zu erreichen. Wie ganz Menorca wurde Ciudadella kaum von Touristen heimgesucht. Trotzdem richtete Hinnerk den Bug nach einem Tag wieder nordwärts.

»Es ist günstiger Südwind – also nach dem Frühstück bitte Boot segelklar – wir fahren nach Cala Morell, mal wieder Natur erleben.« So schlug er vor, und das überzeugte diesmal alle.

Später in der Bucht wurde nördlich des Unterwasserfelsens frei geankert, da aus dem Wetterfax Flautenwetter zu erwarten war. Abends musste Ankerlicht gesetzt werden, denn nur wenn eine Trosse an Land ist, kann darauf verzichtet werden. Als Hinnerk mit Frau im Dunkeln mit dem Beiboot vom Landgang zurückkam, brannte eine Petroleumlampe als Ankerlicht. Helge klärte seinen Vater auf, man habe ihn bei der Bootsübernahme quasi »hinters Licht« geführt: Die Schalttafel hat einen Abgang »Ankerlicht« und eine Kontroll-Lampe, die nicht als Stromzeige-, sondern als Spannungszeige-Lampe ausgeführt ist und daher beim Einschalten leuchtet, obwohl gar keine Ankerlampe installiert ist. Ein weiterer Restpunkt – erst einmal für das Bordbuch.

Obwohl Hinnerk noch spät abends im Hafen- und Seehandbuch kramte und in der Seekarte mit dem Zirkel und Seedreieck hantierte, schob Christin diesmal gleich einen Riegel vor:

»So ein tolles Baderevier und -wetter und dies glasklare Wasser, da sind sogar diese tropischen Temperaturen zu ertragen, Hinnerk, hier bleiben wir noch mindestens einen Tag.«

Hinnerk, der schon wieder die sprichwörtlichen »Hummeln im Hintern« hatte, murmelte zwar noch von »immer frische Langusten« und »ein Eldorado der Maler und Künstler – das ist die Bucht von Fornells«, aber letztlich gab er seiner lieben Frau – wie immer – nach und tröstete sich:

»Aber übermorgen – dann segeln wir dorthin.«

So war die Tour festgelegt und selbst als der Wind schwächelte, er kam günstig, quer zum Schiff und mit Motorhilfe wurde es eine schnelle Reise nach Fornells. Jeder Segler unter Motor und Segel muss am Vorschiff sichtbar einen schwarzen Kegel mit der Spitze nach unten führen. Die ersten Wochen hatte Hinnerk sich daran gehalten, wie im Norden immer – nun war er schon ein mediterraner Yachtie geworden, der davon nichts mehr wusste.

Im vollen Anblick der schlichten weißen Häuser und der grünen Fensterläden des Fischerhafens Fornell fiel der Anker. Die weiträumige Bucht von bis zweieinhalb Seemeilen Ausdehnung wird nur von einer schmalen Durchfahrt zwischen den beiden Huks von 50 und 120 m Höhe geöffnet. Sie kann eine gefährliche Düse sein, wenn ein Mistralausläufer Menorca streift. Doch davon war gegen elf Uhr bei ihrer Ankunft noch nichts zu spüren. Die schnelle Reise, der idyllische Platz und das Ende der alkoholfreien Zeit (es war nach elf Uhr, das Ende der Tabuzeit) trieben Hinnerk dazu, die Gläser zum Ankunftstrunk zu füllen. Zum Tagesablauf gehörte nun eine Besichtigungstour, die Helge mit Christin an Land absolvierte, während Hinnerk ein leichtes mediterranes Essen vorbereitete (wie so oft: Nudeln, mal mit Tomatensoße, mal mit Pesto Genuese). Nach dem Essen war erstmal eine Stunde Ruhe im Schiff wegen Hinnerks heiligem Mittagsschlaf angesagt. Dann standen nach dem Kaffee individuelle Programme oder Bootswartung auf der Tagesordnung. So war der Tag im Allgemeinen geregelt. Diesmal begannen sich am späten Nachmittag nach zunehmend schwülerer Luft von NNO immer mehr gewaltigere Haufenwolken aufzubauen. Ein NW kam langsam auf. Feste geschützte Plätze gibt es kaum im kleinen Hafen und südwestlich dahinter wird vor schlechtem Ankergrund mit Seegras gewarnt.

Als die ersten Nachbarn ankerauf gingen und davonfuhren, ließ Hinnerk die Badeperiode beenden und das Boot seefest machen – Schlauchboot abbauen und verstauen, Luken schließen und alles sturmfest verzurren. Dann wurde die Moody ca. eine Seemeile weiter südlich hinter die Insel Sargantana auf drei Meter tiefes Wasser verankert. Um 22 Uhr hatte sich der Wind auf gut 7 Bft N eingespielt und trieb große Wogen durch die 30 m tiefe Rinne in die Bucht, sodass es mit der Ruhe vorbei war. Um Mitternacht war Sturmstärke erreicht und die Wellen und Windböen verursachten, dass die Moody mit ihrem Spatenkiel hinter dem Anker kreuzte und jedes Mal heftig an der Ankerkette zerrte, wenn diese straff wurde. Abhilfe tat not. Hinnerk schlug seinem Sohn vor, zusätzlich den Heckanker zum Vermooren seitlich nach vorn zu verlegen. Helge, noch nicht lange auf Kielbooten gefahren, war skeptisch. Es folgte eine lange Debatte, die erst endete, als Hinnerk das Fachbuch über die Seemannschaft zur Verstärkung holte. Also wurde nun der zweite Anker zwischen zwei Böen mit Motor ausgefahren und die Trosse mit am Bug belegt.

Das brachte Sicherheit und Ruhe ins Schiff, da das Schwojen aufhörte. Ankerwache wurde eingeteilt und bei der Ablösung der Hundewache gab Helge zu:

»Papa, der Seegang hat zugelegt und wir liegen noch recht gut. Schau aber mal dort querab, vier der sechs Ankerlieger, die vorher südlich auf Leegerwall gelegen hatten, sind inzwischen ankerauf gegangen und fahren seit drei Stunden mit Motor auf und ab vor dem Sturm in der Mitte der Bucht.«

Später wurde Hinnerk von seiner Christin wegen seines ungewöhnlichen Verhaltens gelobt:

»Prima, dass du gestern wegen des Ankerns geduldig argumentiert und nicht wie sonst nur kommandiert hast.« Das tat gut. Im Bordbuch stand am folgendem Tag nur: »Lobsteressen für den Skipper« – Frau und Sohn hatten verzichtet und meinten, bei den Preisen bekämen sie sowieso nichts runter.

Sehr langsam ließ der Wind in der folgenden Nacht nach und trotz der fünf bis sechs Meter hohen und langen Roller aus Nord ging die Moody morgens früh unter Motor um das hochbrandende Cap de es Murte in gebührendem Abstand herum. Dann wurde mit kleinen Segeln Kurs auf die Inselhauptstadt Mahon genommen, d.h. wegen des starken Seegangs vor dem Wind gekreuzt (vorsichtshalber mit Q-Wende). Da das Boot auf diesen Kursen (jeweils mit Backstagsbrise) schneller läuft, ist der etwas längere Kurs unerheblich. Die Fock zieht dabei mit, ohne zu schlagen, und die Gefahr einer Patenthalse durch das Gieren infolge der großen Wellen ist deutlich verringert.

Segeln vor dem Mistralwind östlich von Menorca

In Mahon, dem nach Pearl Harbour zweitgrößten Naturhafen der Welt, lag die Moody sicher und direkt vor einem Hersteller für Kräuterlikör – nach Hinnerks Meinung auch absolut richtig. Hier begann sich eine Tradition zu entwickeln, immer von bekannten Getränken der Länder eine Flasche zur Probe zu erwerben. Nach einer Brennereibesichtigung mit ausgiebigem

Testen erstand Hinnerk zwei einheimische Feuerwasser unter dem Motto: »Ein Souvenir muss sein vom schönen Menorca«.

Der Mistral stand weiter durch und erleichterte den Entschluss, vorerst eine Besichtigungs-, aber auch eine Reparaturpause einzulegen. Hier gab es die großen Schiffsausrüster. Eine aufhängbare Ankerlaterne wurde erstanden, an dem Abgang Ankerlicht angeschlossen und mit vielen Umwegen durch das Boot bis zum großen Schapp in die Plicht verlegt. Hier sollte sie stationiert bleiben und konnte als flexible Lampe unter dem Großbaum als Plichtbeleuchtung oder als zugelassenes Ankerlicht mit seiner Fresnell-Linse eingesetzt werden.

Damit für das Boot auch der letzte Restpunkt beseitigt war, wurden die Bb-Wanten endgültig unter Beachtung der Mastausrichtung nachgespannt. Nach zwei Tagen hatte der Mistral wieder zugelegt. Aber die Moody-Crew wollte weiter. Unter kleinen Segeln sollte es die Leeküste entlang zur Cala Covas gehen, von deren Exklusivität alle Yachties schwärmten, da sie nur von See aus gut zugänglich ist.

Das Ablegen rückwärts gegen den schräg auf die Pier drückenden Wind wurde wesentlich erleichtert und ging ohne Blessuren mit der freundlichen Unterstützung eines Teils der Belegschaft der Destillerie vonstatten – gut, dass Hinnerk so ausgiebig dort getestet hatte. Obwohl der Windmesser auch einmal über 34 m/s (8 Bft) anzeigte, fehlender Seegang unter der hohen Leeküste machte alles unproblematisch.

Nach drei Stunden wurde die Moody in dieser Naturbucht Cala Covas mit dem Bug gegen die Steilfelsen manövriert und mit einem langen Tampen befestigt. Ein Heckanker wurde später ausgefahren und in dem wie Kristall durchsichtigen Meerwasser auf feinem Sanduntergrund positioniert; das Schwojen gegen einen Yachtnachbarn wurde so vermieden. Außer Trinkwasser aus einer Quelle, Abgeschiedenheit und einigen Höhlenbewohnern gibt es in der Covasbucht nichts. Helge war natürlich von diesen jungen Aussteigern fasziniert und schwamm zur Quelle hinüber, wo sich einige beim Wäschewaschen trafen. Es gelang ihm sogar später zu einigen der schwer zugänglichen Höhlen aus der Bronzezeit hinaufzuklettern und dieses Milieu auf Fotos festzuhalten.

»Die leben noch einfacher als die Boatpeople«, sagte er und war überrascht, »keine Elektrizität, kein fließendes Wasser, keine Heizung, nicht mal eine Müllentsorgung gibt es in der Bucht – na ja, das Wenige was sie kaufen, das essen sie auch wieder auf.«

»Bei den frei wachsenden Haaren kann kein Friseur was verdienen«, meinte Hinnerk, »nun, einen Vollbart habe ich ja selbst, aber beneiden tue ich sie wirklich darum, dass sie nie eine Steuererklärung ausfüllen müssen.« Nur Christin konnte diesem Leben nichts abgewinnen:

»Die Höhlen mögen ja im Sommer kühl und im Winter durch die Südlage etwas wärmer sein, aber innen wird es ewig feucht und muffig sein. Wechselwarm wie Reptilien sind die Menschen nun mal nicht, und mein Wohlfühlbereich ist an Bord nicht mal einzuhalten.«

Bei all diesen Betrachtungen musste man feststellen: Die Segler und die Eingeborenen lebten in der Bucht in friedlicher Koexistenz zusammen.

Unter Ausnutzung des abnehmenden Mistrals ging es am nächsten Tag schon früh mit günstigem halben Wind nach Mallorca, vorbei an den bizarren Küstenformationen der Halbinsel Formentor und wie bestellt kam die abendliche Flaute für das Ankern in der einzigartigen Bucht Calobra.

Der Grund aus Schwemmsand steigt in wenigen Metern aus 30 m Tiefe zur Mündung eines im Sommer nahezu trockenem Wildbachs an, die eine schmale, lange Wanderschlucht mit bis 400 m hohen Steilwänden eröffnet. Bis zu vier Kilometer zieht sich diese beeindruckende Schlucht hin. Als die Moody am späten Nachmittag vor dieser Mündung lag, war infolge der Ausflugsboote, des vollen Strandes und des Badelärms nicht an die übliche Bootsruhe zu denken. Aber am Abend waren sie allein und da Neumondzeit war und es absolut kein künstliches Licht gab, erstrahlte der Himmel in ungewohnter Klarheit und gab eine nicht geahnte Vielzahl von Sternen preis. Als Helge dann später seine Gitarre erklingen ließ, ergab das vor den hohen dunklen Küstenfelsen eine Szene mit Romantik pur.

Am Morgen nahm die Besatzung die vier Kilometer Schlucht in Angriff. Hinnerks Kommentar: »500 m gesehen – alles gesehen, ich warte hier«, und er fand einen schattigen Platz gegenüber der Steilwand. Als Christin und Helge zurückkamen, meinte er:

»Viel zu steinig ringsum. Lasst uns trotz des Flautenwetters die fünf Seemeilen zur großen Bucht von Soler packen. Also Rückzug!«

Und nach einer guten Stunde fiel das »Eisen« auf gutem Ankergrund in der Bucht von Soler, der einzigen sicheren Ankerbucht im Westen von Mallorca.

Einen Tag später war im nahen Andraitx die erfolgreiche »sail and repair«-Tour zu Ende. Helges Urlaub war um und Christin musste auch nach Hause, um den Schulunterricht vorzubereiten. Als Austausch kamen die alten Rostocker Segel-Kumpane. Das bedeutete einmal Mietwagen nach Palma-Airport und zurück.

3. Unter Spaniens Küsten oder Die Rostocker »revival tour«

Nach 40 Jahren waren die ehemaligen Kommilitonen Dieter Karsten (brachte zur Verstärkung seine Frau Anne mit), Eckhard Schwarz und Hinnerk wieder zusammen auf einem segelnden Untersatz. Im Gegensatz zum früheren Seekreuzer »Wodan« war diese Moody Eclipse 43 natürlich von ganz anderer Qualität und ermöglichte die sicherste Navigation mit beispielsweise. GPS, Tageslichtradar, Autopilot, elektronischen Wind-, Log- und Lotanzeigen und Funkverkehr sowie mit Wetterkarten-Schreiber und Wetterfax.

Andererseits konnte man nicht wie früher den Bootsführer für eine Tour oder Teilstrecke untereinander ausgucken, der dann die Verantwortung und das Sagen hatte, denn bei Manöver- oder sonstigen Fehlern, bezahlen müsste immer der Eigner, also Hinnerk. Das Boot war immerhin kaskoversichert, aber mit zweitausend Mark Eigenanteil. Hinnerk war folgerichtig der Skipper, aber mit dem Nachteil, dass er bei schwierigen Manövern nicht wie früher locker bleiben konnte, sondern gegen seinen Willen strenger und – offen gesagt – pingeliger war. Jeder eventuell als Nachlässigkeit entstandene Kratzer und Schadensfall lag dem Eigner, also Hinnerk, auf der Tasche.

Unter den Mitseglern galt die Regel, dass sie nur bei der Bordkasse anteilig beteiligt waren und für Hin- und Rückflug kostenmäßig aufkommen mussten. Da die Flugziele auch Touristenziele sind, waren die Kosten der Flüge erschwinglich und bei Ablösung eines Mannschaftsmitglieds, das noch ein bis zwei Tage im Land blieb, ließ sich das Retourticket durch den Abzulösenden benutzen, der quasi umsonst flog. Das war zwar nicht korrekt, aber da meistens Hin- und Rückflugtickets gleichpreisig mit »Oneway-tickets« waren, brauchte das Retourticket nicht verfallen.

Die drei Rostocker mussten auf ihrem Gepäck im offenen Jeep sitzen. Es war der einzige verfügbare Mietwagen – aber für die kurze Strecke vom Flugplatz nach Antraitx war das vertretbar. Mit dem Mietwagen noch schnell zum Supermarkt für Proviant sorgen, 400 Liter Wasser tanken und fertig waren sie für das Ablegen. Das Segeln über Nacht waren sie von früher gewöhnt und starteten spätabends noch.

Nach einem Tag Badeleben in einer Bucht auf Ibiza und einer weiteren Übernachttour war Valencia erreicht. Für schnelle Reisen sorgte Segelmeister Dieter mit dem Blister von über 100 Quadratmeter Segelfläche. Valencia als drittgrößte Stadt Spaniens war der Crew einen Ausflug wert. Von den einstigen Stadtbefestigungen waren nur die beiden alten Stadttore verblieben, von denen man einen guten Überblick erhält. Als weitere Profanbauten waren die alte Markthalle mit den überquellenden Angeboten und vor allem die Altstadt sehenswert und wurden durchstreift. Da Familie Karsten nur zwölf Tage Urlaub hatte, aber noch nach Almeria wollte, bedeutete es: Kurze Nacht und früh raus.

Frühmorgens abgelegt und mit Großsegel und Blister ging es die Costa del Azahar südwärts. Wenige Meilen vor dem schroffen Cap San Antonio waren die Stadt und der Hafen Denia zu sehen, ein geschichtsträchtiger Ort. Von Griechen gegründet mit einem Tempel der Göttin Artemis, nahmen ihn später die Römer in Besitz und nannten ihn Dianium. Mauren errichteten eine Burg, die später die letzte Bastion der republikanischen Truppen gegen Franco wurde.

Mit Cap San Antonio war die Costa Blanca, die weiße Küste erreicht und es ging abends in das unmittelbar dahinter liegende Jávea, ein besonders anheimelnder Ort. Stilvoll, mit einem Sinn für das Schöne, präsentiert sich der Club Nautico. Welch ein Kontrast zwischen den vom Club liebevoll gepflegten Hibiskus- und Oleanderstauden zu der rotbraunen glatten Felswand, die unmittelbar hinter dem Hafen hochragt und nur einfachen Sträuchern Platz bietet. Der Hafen war voll. Das wurde der Moody bei ihrer Annäherung auch deutlich gemacht. Aber Hinnerk hatte mitten im Hafen zwei Tonnen liegen gesehen, steuerte darauf zu und ließ festmachen.

Während »klar Schiff« gemacht wurde, schnüffelte Eckhard mehrmals vernehmlich mit seinem großen Riechorgan gegen den Hafen und erklärte:

»Mann, oh Mann, das duftet nicht schlecht nach spanischer Küche.«

Und Dieter zeigte zum Clubgelände: »Sieht doch echt nach Grillrauch aus – mehrere Feuerstellen.« Und Anne hatte es sofort erkannt:

»Die da vorhin zu sehen waren, die sind alle gut in Schale – vermutlich wird gefeiert.«

Schließlich kam vom Hinnerk der Vorschlag, dass man sich anpassen und ebenfalls schick machen sollte, um sich mit Beiboot dem abendlichen Trubel etwas zu nähern.

Frisch rasiert und in Ausgehkleidung (T-Shirt und lange Hose) erschienen die drei Seelords mit Anne in weißem Dress bald darauf auf dem Clubvorplatz. Sie befanden sich plötzlich mitten in einem kulinarischen Treiben und wurden von den Einheimischen nett begrüßt.

»So etwas habe ich noch nie gesehen, seht doch die vielen provisorischen Feuerstellen mit den riesigen Pfannen am Boden! Hier wird geköchelt – aber was?«, kam von Anne, und sie wurde daraus nicht schlau. Jede Feuerstelle bestand aus einem Steinring mit Holzkohlefeuer. Hinnerk hatte solche Pfannengerichte schon in Spanien auf Jahrmärkten gesehen und vermutete:

»Das ist Paella, eine Spezialität hier«, und das bestätigte sich. Nachfragen ergaben, dass es sich um ein Paella-Wettkochen zwischen einigen Segelclubs handelte, daher auch der überfüllte Hafen.

Jeder, der Bedarf hatte, zapfte sich selbst sein Bier von den aufgestellten Bierfässern. Das ließ sie nicht unberührt, aber höflich wie Eckhard nun mal war, fragte er eine der vorbeiflanierenden jungen Damen, ob dies Bier für die Selbstbedienung sei. Prompt zeigte sie ihm lachend, wie das funktionierte, womit unser erstes Problem gelöst war.

An einem Tisch saß eine dreiköpfige Jury, die voll beschäftigt war, die unterschiedlichen Paellas zu kosten und zu benoten. Eckhard und Hinnerk traten interessiert näher. Man machte die beiden gern mit den Bewertungs-Kriterien vertraut und zwei der Jurymänner waren schnell dafür, dass sie sie mal kurz ablösen könnten. So wäre das doch noch unparteiischer. Als dann die unterschiedlichsten Paellas (vegetarisch, mariniert, mit Fisch, verschiedene Fleischarten, Meeresfrüchte etc.) zu kosten waren, war es bald zu viel, aber Hinnerk dachte, es wäre ja eine gute Grundlage für das Bier, was immer zwischendurch getrunken werden musste. Nebenbei wurden auch Dieter und Anne versorgt. Später ließen sie sich bei der Jury wieder ablösen; dieser Spaß sollte nicht in Arbeit ausarten.

Der Abend war lang, das Bier reichlich und kühl, die Luft lau, spanische Musik schaffte Atmosphäre und gemeinsame seglerische Erfahrungen wurden – meist auf Englisch – ausgetauscht. Hinnerk und Eckhard waren schließlich mit einer Gruppe aus Denia an einem Tisch verblieben. Dass Eckhard auch französisch kann, war neu für Hinnerk. Doch er hörte ihn mit einer dunkelhaarigen Schönen ein immer vertraulicheres Gespräch führen, wobei es um ihre große Motoryacht ging, wie Eckhard kurz übersetzte.

Hinnerk kontaktierte Diana aus Denia, die mit ihrer großen Tochter da war und vom Aussehen ihrer Namenspatronin alle Ehre machte. Während die Tochter bei ihren Freunden war, setzte Diana sich zu Hinnerk. Der fand, dass Diana in ihrer ruhigen, liebenswürdigen Art viel Ähnlichkeit mit seiner Christin hatte. Nur ihr Haar war etwas dunkler und länger. Je später die Nacht wurde, desto näher kam man sich. Aber die vielen Biere, die als Freibier in der langen lauen Nacht besonders süffig waren, zeigten zusehends Wirkung: Hinnerk hatte am Ende erste englische Sprachprobleme und wurde immer inaktiver. So gegen zwei Uhr morgens wurde Diana von Sportkameraden zur Abfahrt überredet. Zum Schluss kam sie noch einmal auf Hinnerk zu und umarmte ihn heftig, damit er merken solle, was er versäumt hatte. Für ihn war nun auch Reisezeit. Wie mit Eckhard abgesprochen, sollte Hinnerk allein zur Moody übersetzen und ihn gegen fünf Uhr mit dem Beiboot abholen.

Hinnerk rekonstruierte später: Schlauchboot an die Pier herangezogen und versucht einzusteigen, dreimal misslungen, also kopfüber in das Boot; danach sich mühsam sortiert und zur Yacht gepaddelt; Wecker auf kurz vor fünf Uhr gestellt und sich auf die Kabinenbank gelegt, 5 Uhr 30 aufgewacht und angenommen, Eckhard wartet an Land auf ihn; also rein ins Beiboot, an Land gepaddelt, kein Eckhard gefunden, zurück zum Boot und in die Koje gefallen. Gegen 7 Uhr 30 wurde er geweckt.

»Aufstehen«, meinte Dieter, »wir legen ab wie abgesprochen«.

»Nicht so schnell, wir müssen Eckhard noch von Land holen«

»Aber Hinnerk, du hörst doch in der Achterkajüte wie er schnarcht«, erwiderte Dieter, und Hinnerk kam kurz raus zum Ablegen von der Boje und fiel anschließend gleich wieder in seine Koje.

So segelte die Moody die Costa Blanca südwärts, während die beiden Nachtschwärmer weiterschliefen.

Als man gegen Mittag beim Frühstück saß, klärte sich auf, wie Eckhard an Bord gekommen war: Nach seinem Minne-Dienst habe er bis fünf Uhr an der Pier gewartet, dann sich nackt ausgezogen und versucht, die Yacht zu erreichen, da er aber auch seine Brille abgelegt habe, sei er irrtümlich erst auf zwei anderen Yachten gelandet, schließlich hätte er mit dem Beiboot seine Sachen geholt und wäre in die Koje gestiegen. Von Hinnerk sei nichts zu sehen gewesen. Es gab noch viel zu diskutieren über diese ereignisreiche Nacht und über die Vorzüge der verschiedenen Paellas und der Spanierinnen.

Eckhards unfreiwilliges, nächtliches Bad im Hafen von Jávea

Mit sehr flauem Wind bummelte die Moody an den Bettenburgen Benidorms vorbei.

»Nicht zu glauben diese Menschenmassen im Wasser.« Dieter hatte das Fernrohr zum Land gerichtet. Anne, bei der Hitze im Bikini, jammerte:

»Selbst hier im Schatten unter der Bimini ist es so warm, kaum auszuhalten. Hinnerk, wozu haben wir eine Badeplattform?«

Hinnerk knurrte was von Zeitplan, ein Segler sei kein Motorschiff und »unseemännisch«! Aber es erfolgte eine Beratung unter Männern und Eckhard holte die Abschleppleine aus dem Schapp, um sie mit einer hinteren Schlaufe achtern am Boot festzubinden. Es durfte jeweils nur einer ins Wasser, obwohl das Meer glatt wie ein Ententeich war. Bei den knapp zwei Knoten Fahrt war es eine ziemliche Anstrengung, sich vom Seilende wieder ins Boot zu hangeln. Schließlich war es praktisch einfacher, sich zum Abkühlen wenige Meter hinter der Yacht in derem Mitstrom aufzuhalten.

Alles lief unter Hinnerks Aufsicht. Er selbst holte sich lieber einen Eimer voll Seewasser herauf und machte auf dem Vorschiff eine Abkühlungs-Dusche. Als schließlich die übliche Mittelmeerflaute am späten Nachmittag einsetzte, war man trotz Abschleppdienst vor Alicante angekommen.

Die Stadt stellt sich als eine gute Mischung aus altem Charme und Moderne dar. Allein schon die Empfangshalle des Hafenbüros kann es an Eleganz und Großräumigkeit mit der Empfangshalle einer Großbank aufnehmen.

Beeindruckend die Hafenpromenade unter Palmenreihen mit farbigen Steinfliesen, die künstlerisch so angeordnet sind, dass sie plastisch wirken – eine ähnliche Pseudo-Wirkung wie sie am Wallensteinpalais in Prag durch Malerei erreicht wurde.

Echt südliches Flair lockte die Crew abends an Land, als sie in der Plicht sitzend und die abendliche Kühlung genießend, die vielen Hafenbummler vorbeipromenieren sahen. Verführerische Restaurants mit üblichen Sitzarrangements zur Promenade verlockten zum Platznehmen. Exotische Essensdüfte lagen in der Luft.

Obwohl die drei Rostocker ihren technisch-akademischen Beruf ausübten, war das Gehaltsniveau des Westens noch lange nicht erreicht und außerdem hatte das Nachholbedürfnis, fast alle Dinge nach westlichem Maßstab anzuschaffen, dazu geführt, dass die Ferienkasse schmal war. Den Verführungen an Land konnte nachgegangen werden, aber es musste preiswert sein. Dafür hatte Hinnerk einen Trick: Er flitzte kurz in eine gut frequentierte Pizzeria und kam kurz darauf wieder zurück.

»Ja, hier sollte man essen gehen, es ist wesentlich billiger als zu Hause«, auf die fragenden Gesichter hin ergänzte er,

»Pizza-Marguerita ist beim Italiener auf der ganzen Welt gleich, hier kostet sie 6,50 DM, zu Hause 8,50 DM. Quod erat demonstrandum.«

»Was ist denn das nun noch?«

»Was zu beweisen war«, erklärte Eckhard, der das Große Latinum früher gemacht hatte, »und dann wollen wir uns mal was auf Bordkasse genehmigen, am besten gleich hier draußen an den Tischen in Augenhöhe mit den breiten Gürteln.«

So geschah es und zwischendurch hörte man Anne ihren Dieter fragen: »Wieso breiter Gürtel?«

Und Dieter erwiderte:»Na, du weißt doch, die Miniröcke wie bei deinen Töchtern, nur hier noch kürzer, eben wie breite Gürtel.«

Alles war nun geklärt, alle waren satt und zufrieden und ließen sich noch auf eine Runde San Miguel-Bier ein, während die promenierenden Menschen vorbeizogen.

Sightseeing war natürlich erst am anderen Vormittag möglich. Es ging aus Zeitgründen – Hinnerks Zeitplan legte das Auslaufen auf mittags zwölf Uhr fest – mit dem Aufzug hinauf auf die fast zweieinhalbtausend Jahre alte Festung St. Barbara, benannt nach dem Namenstag der Heiligen Barbara im Jahre 1248, an dem der letzte Aufstand der Mauren niedergeschlagen worden war. Hier oben tummelten sich schon Griechen, Karthager, Römer und Araber, von deren Anführer Ben Acantil die Stadt ihren Namen ableitet. Außerdem sehenswert waren die nahe Altstadt mit dem Rathaus, den Resten der Hauptmoschee und einigen Barockkirchen.

Als Belohnung für das schnelle Abhaken von Alicante ankerte die Moody bereits wie bestellt am späten Nachmittag in Torreviega. Der riesige Salzberg der Saline soll eine Publikums-Attraktion für Touristen aus aller Welt darstellen. Die Crew empfand das gar nicht und suchte stattdessen den Salzsee, eine Art »Totes Meer« von acht Quadratkilometer Fläche, der von der Stadt aus in nordwestlicher Richtung liegen sollte. Die Wanderung der Crew war eine schweißtreibende Angelegenheit und nicht sehr erfolgreich, da der Ort trist und der Salzsee weit entfernt war. Fußmüde resignierten sie im fernen Anblick des Ziels und gingen zurück an Bord. Zusammengefasst bedeutet Torreviega: kostenloser, sicherer Bootsliegeplatz und sonst nichts.

Dafür wurde die Moody-Crew nach zweistündigem Küsten-Segeln mit einer ausgiebigen Altstadtbesichtigung von Cartagena entschädigt, die bis gegen Mitternacht offene Geschäfte hatte. Hinter Cap Palos knickt die Küste nach Westen ab und wird als südlicher Teil der Costa Blanca auch Costa Calida (heiße Küste) genannt. Das öffentliche Leben in den Orten spielt sich dort mehr am kühleren Abend ab. Cartagena war lange Zeit die bedeutendste Stadt der Iberischen Halbinsel. Immer war die Stadt eine Festung gewesen. Also wurde die Festung Conception besichtigt. Sie ist heute Teil einer öffentlichen Parkanlage und man hat von der Höhe einen guten Rundblick auf die Stadt. Direkt unterhalb der Festung Conception ist ein Hafenbecken mit Yachtstegen eingerichtet worden, das gute und preiswerte Liegeplätze anbietet – von dem aber weder in der Karte etwas eingezeichnet, noch im Seehandbuch erwähnt wird.

Absolut keine Liegeplatzprobleme hatten sie am folgenden Abend in der Naturbucht Puerto Hornillo, die auf der Ostseite gut geschützte Anker-plätze auf zwei bis fünf Meter tiefem Sandgrund bot. Bereits hier gilt, ver-stärkt dann an der Costa del Sol, dass Winde und vor allem starke nur in West (Levante) oder in Ostrichtung (Poniente) auftreten. Beim allgemeinen Abendbad übernahm Hinnerk die Tauchtour zur Ankerkontrolle, während die übrigen zum Landgang schwammen. Für Hinnerk blieb Zeit, sich um sein zweites Hobby, das Kochen, zu kümmern. Als die hungrige Crew wieder die Badeleiter erklomm, duftete es bereits nach Zwiebeln, Bratkartoffeln und Spiegelei. Die von See wie alte Festungsruinen aussehenden Gemäuer waren Reste von Anlagen für irgendwelche Bergbauaktivitäten der Neuzeit.

San José sollte der vorletzte Hafen sein, der anderntags mit zunehmendem Levanter bereits am späten Nachmittag erreicht wurde. Die Bucht nördlich von Cabo de Gata ist wegen der guten Wasserqualität und der großen Vielfalt der Unterwasserwelt ein Eldorado für Taucher und Wassersportler. Felsige Steilküsten wechseln sich mit seichten, sandigen Badebuchten ab. Kein Wunder, dass im malerischen Hafen kein Platz mehr frei war.

Also kehrt gemacht und mit Verstärkung durch den Blister rund Cabo de

Gata. Bald war der Levanter mit Bft 6-7 zu stark für die Segelfläche. Und da rächt sich, wenn man versucht, bei zunehmendem Wind ohne zu reffen »um die Ecke« in die Abdeckung zu kommen. So passierte es: Als durch Dieter der Blister geborgen werden sollte, rauschte ihm die Schot durch die Hand, sodass man es riechen konnte und er böse Verbrennungen erlitt. Das flatternde Segel – die Schot war ja ausgeraucht – wurde bei starkem Seegang und im Windschatten des vor dem Wind stehendem Großsegels mit dreifacher »Manneskraft« eingeholt, während die erfahrene Anne das Schiff vor dem Wind steuerte.

Erst um Mitternacht war Almeria-Hafen erreicht worden und unter Motor wurde der in den nautischen Unterlagen ausgewiesene Yachthafen im nördlichen Hafenteil angesteuert.

»Langsame Fahrt«, gab Hinnerk dem Mann am Steuer vor. »Bald muss die Marina da sein. Siehst du was im Nachtglas, Anne?« Wie immer hatte Hinnerk seine An- und Ablegepanik.

»Bisher sind nur Autoscheinwerfer und Reklameflächen in Sicht«, sagte Anne.

»Aufstoppen, Eckhard, Hafen Fehlanzeige!« Das war höchste Zeit, denn das Boot war dicht vor der Pier, die man gegen die hellen Lichter der Stadt nur sehr spät erkennen konnte. Hinter der Pier war nur ein Parkplatz voller Autos zu sehen.

»Waren da beim Einlaufen an Backbord gleich hinter der Außenmole nicht einige Masten zu sehen gewesen?«, fragte Dieter.

»Lasst uns die halbe Meile zurückfahren«, stimmte Hinnerk zu, nicht ohne zu jammern:

»Erst zwei Monate alt, die teure Karte und kein Verlass! So ein Schiet.«

Nach Mitternacht fand das Boot noch seinen Liegeplatz – und in einer richtigen Marina.

Am nächsten Tag konnte man froh sein über den neuen Yachthafen, der die notwendigen sanitären Anlagen hatte und unmittelbar an das Stadtzentrum und an einen Supermarkt angrenzte. Die Rostocker Karstens konnten noch einen ganzen Tag das alte Almeria mit der arabischen Festung Alcazaba erkunden, bevor sie abreisen mussten. Gemeinsam wurde auch ein riesiger spanischer Jahrmarkt besucht. Doch wenn Hinnerk dachte, dass dort etwas typisch Spanisches, Andalusisches oder gar Maurisches geboten würde, da wurde er absolut enttäuscht.

»Da denkst du, du bist auf dem Hamburger Dom; das ist vielleicht Globalisierung, gewiss aber Europäisierung der Vergnügungsindustrie.« So war Hinnerks Kommentar.

Interessant waren auch die Auskünfte eines Yachtnachbarn, eines hohen spanischen Zollbeamten. Auf die Frage, wie es denn mal mit einem Kurztörn zu einer spanischen Exklave z. B. Melissa nach Afrika sei, davon riet er absolut ab.

»Der Immigrationsdruck der Moros, wie die Afrikaner hier genannt werden, ist sehr groß und kann zur Kaperung der Yacht führen; auch das Unterschieben von Drogengepäck – ohne Wissen der Crew – birgt die Gefahr, dass man hier in Spanien ins Gefängnis kommt.«

Damit war die Verführung, das nahe Afrika kennen zu lernen, stark gedämpft worden. Schließlich sagte der Zöllner:

»Wenn man mal kurz zum Schnuppern rüber will, da nebenan fahren die Schnellfähren rüber.« Damit war das Thema durch.

Mit Eckhard nun allein, überführte Hinnerk das Boot nach dem von Yachties viel gepriesenen Almerimar, das eine Wohnmarina mit vielen Hafenbecken, umgeben von abwechslungsreichen Eigentumswohnungen, ist. Es gibt auch einige Restaurants und eine yachtspezifische Infrastruktur. Über der Tiefebene liegen wie ein Schneefeld großflächige Kunststoffplanen soweit das Auge reicht. Der Kunststoff verhindert das Austrocknen der künstlich bewässerten Obst- und Gemüsefelder durch die Luft des Levante oder Poniente und der ständig heißen Sonne – es ist hier die Costa del Sol. Für die Bearbeitung werden legale und illegale Nordafrikaner eingesetzt, die meistens in primitiven Unterkünften leben und nicht in die Gesellschaft integriert werden – ein zukünftiger sozialer Sprengstoff.

Bei Sturm werden hin und wieder Teile der Kunststoffplanen losgerissen. Diese und die allgegenwärtigen leichten Einkaufstüten aus Kunststoff landen bei heftigen Winden oft im Meer und Hafen, wo sie kaum verrotten. Sie bilden für Boote und Yachten eine ständige Gefahr, da sie schwebend im Wasser leicht den Einlaufstutzen für das Seekühlwasser des Motors verstopfen können.

In der nahen Umgebung von Almerimar und längs des Strandes und Hinterlandes ist die Landschaft urwüchsig und wüstenhaft trocken. Sie hat aber einen gewissen Charme, wenn man die wilde, ungezähmte Natur liebt, wie endlose weite, feinsandige und menschenleere Strände mit Abbruchkanten vom Land zum Meer. Der Blick reicht weit und wird nur im Norden durch die scharfen Konturen der dunklen, aber bereits im Frühherbst teilweise schneebedeckten Sierra Nevada begrenzt.

Einige Tage bis zur Ablösung von Eckhard durch Hinnerks Tochter mit ihrem Freund wurden zur Bootspflege und absoluten Erholung genutzt. Abends hatte man sein Restaurant, in dem es zu jedem St. Miguel-Bier so ausreichend Tapas – unentgeltlicher Kleinimbiss spanischer Spezialitäten – gab, dass das Abendbrot eingespart wurde. Sie saßen und gedachten der interessanten Tage der letzten Segeltour, sofern sie nicht von dem Anblick schöner Senoritas abgelenkt wurden.

»Und die ganze Zeit ein problemloses Schiff – alle Systeme voll in Takt«, erinnerte Hinnerk, »nur auf eigene Arbeit ist Verlass, wie meine Reparatur-Fahrten vorher gezeigt haben.«

»So ganz stimmt das nicht, denn warum knallte sonst der Landanschluss raus, als ich die Mikrowelle einschaltete«, hielt Eckhard dagegen, »morgen wird das gerichtet.«

Als Physiker wusste er am folgenden Tag den Fehler schnell einzukreisen: Der spannungsführende Draht war an Stelle des neutralen Drahtes im Gerät geerdet worden. Nun war wieder ein Grund gefunden, eine Flasche Rotwein um elf Uhr zu öffnen.

An manchen Tagen häuften sich die Ereignisse. So auch am nächsten. Die heiße Tageszeit wurde am Strand und beim Schwimmen verbracht. Neben der Moody lag ein Einhandsegler aus Schweden mit seiner »Aqua Sjön«, der von der Moody-Crew immer artig auf Schwedisch gegrüßt wurde, denn Eckhard und Hinnerk hatten ja einige Vorkenntnisse. Als nun beide vom Strand zurückkamen, wurden sie von Hans aus Göteborg an Bord gebeten. Er begründete seine Einladung damit, dass er nun jemand zum Sprechen habe und schwedisch könne er am besten. So zeigte er ihnen seine Funkanlage, mit der er einer schwedischen Zeitung über seine Segelreise quasi berufsmäßig Berichte sendete. Der Erfahrungsaustausch begann bei Sherry und wurde zum Ausgleich für die schweißtreibenden Temperaturen mit kühlem Bier fortgesetzt. Hans berichtete über die interessanten Kanalfahrten durch Deutschland und Frankreich und seine Abenteuer an Italiens Küsten. Gegen 18 Uhr war die »Aqua Sjön« trocken getrunken, und die Storys mussten abrupt unterbrochen werden.

Hinnerk wollte selbstverständlich Hans die Moody Eclipse zeigen, die inzwischen wegen der Pflege auch innen wie neu aussah.

Eckhard flüsterte aber vorsichtshalber Hinnerk zu: »Wir gehen aber um 20 Uhr zur Messe in die Kirche, damit wir einen Grund zum Gehen gegen ein »open end«-Besäufnis haben.« Hinnerk sah es auch so und nickte.

Hans war begeistert von der Moody, was Hinnerk natürlich nach dem Begrüßungstrunk mit dem mittäglichen Rest der Rotweinbuddel veranlasste, die Bar aufzumachen. Hans' Begeisterung verstärkte sich, als die eisernen Reserven der Moody angebrochen wurden. Einige stärkende Tapas, die Hinnerk anbot, erhöhten nur noch den Durst und das Durchhaltevermögen von Hans.

Hinnerks Verständnis von Gastfreundschaft führte dazu, dass er kurz vor 20 Uhr den letzten Rest von Alkoholika – den angebrochenen, menorkinischen Kräuterlikör – auf den Tisch stellte. Aber hier griff Eckhard mit schwerer, aber lauter Stimme ein:

»Pardon, det är fem minuter till klokan tjugo – vi moste nu gor till kirkan, messetiden!« (sollte auf Deutsch heißen: Entschuldigung, es ist fünf vor 20 Uhr, wir müssen zur Kirche gehen, es ist Messe-Zeit.) Das war die Rettung. Ohne Gesichtsverlust wurde Hans noch zu seinem Boot gebracht, und dann gingen die beiden zur Kirche.

Die neue katholische Kirche war voll und überwiegend mit Einheimischen besetzt. Es war schon begonnen worden und Hinnerk steuerte auf zwei freie Plätze zu, wohl darauf achtend, dass eine schmucke Spanierin an seine Seite kam. Dann wurde es kompliziert, denn die durch den Alkohol verlängerte Reaktionszeit ergab, dass die Moodyleute meistens erst aufstanden, wenn die Liturgie gerade ein Sitzen der Gläubigen verlangte und umgekehrt. Trotzdem ist zur Ehre beider Seelords zu sagen, dass es zu keinen weiteren Auffälligkeiten kam, und als zum Schluss der Friedensgruß an die Nachbarn erfolgen sollte – Eckhard hatte dazu den Hinnerk munter gemacht – war es selbstverständlich, dass Hinnerk seine freundliche, fesche Spanierin in den Arm nahm und innig drückte. Was Eckhard mit seinem alten Mütterchen machte, hatte Hinnerk nicht feststellen können. Nicht alle Tage brachten solche Erlebnisse. Aber die Zeit verging wie im Flug.

Mitte September kam die Ablösung und entlang der Costa del Sol sollte westwärts gesegelt werden. Sowohl Wiebke Hoyer, Hinnerks Tochter, die in Hamburg Graphik und Design studierte, als auch ihr Freund Markus waren erfahrene Segler. Wiebke, lange Jahre nur Jollen und Kutter gesegelt, tat sich anfangs noch schwer mit der Radsteuerung. Aber noch war es eine große Flaute vor den Herbststürmen, und daher wurde erstmal der große Verladehafen Modril angelaufen. Es wurde auf zehn Meter Tiefe geankert, damit das junge Paar mit dem Mietwagen eine Besichtigungstour nach Granada machen konnte.

Für regionale Wetterberichte war ein NAVTEX-Gerät gekauft worden. In Modril erstand Hinnerk in einer Tischlerwerkstatt ein geeignetes Teakholzbrett zu günstigsten Bedingungen – das heißt zum 0-Tarif. Damit wurde die Antenne am Heckkorb montiert.

Während der Motorfahrt nach Marina del Este gelang die Kabelverlegung mit Markus' Hilfe quer durchs Schiff vom Sicherungsabgang der wichtigen Verbraucher bis zum Gerät. Und am Abend bereits zeigte uns das Display vom NAVTEX die Flauten für die nächsten Tage voraus. Marina del Este ist eine Neugründung und zeigt ein gelungenes Einfügen eines Yachthafens in eine romantische Steilküste.

Es folgten sechs Stunden Fahrt über absolut glatte See mit maritimen Begegnungen wie z. B. mit ca. 100 Delphinen, die wie so oft in Schwärmen um das Boot herum spielten, mit einem Hai, der nur einmal seinen Kreis zog und mit fünf fliegenden Fischen. Dann zeigte Markus sich als ein ausgezeichneter Koch, der uns ein Essen auf See – Curryhuhn auf Reis – servierte. Es war von einem frischen Huhn, das er vorher auf dem Markt gekauft hatte, gebraten worden.

Der westlichste Punkt der Reise war mit Benalmadena (arab.: Söhne der Minen) erreicht. Es ist eine perfekte Marina für ca. 1000 Yachten aus der Retorte erschaffen mit Apartmenthäusern und dem Ambiente in etwas exotisch-maurischem Stil. Gegenüber den Bettenburgen des nahen Torremolinos ist der Baustil von Benalmadena ein gelungener Kontrast. Eine abendliche Wanderung bis zum zwei Kilometer entfernten Fischerortskern von Torremolinos wurde unternommen, vor allem um die berühmten Pescadeiros zu essen. Die mit der Flaute verbundenen sonnigen Herbsttage waren ideal für Ausflüge des jungen Paares nach Malaga und Gibraltar. Ein schwacher Poniente half schließlich etwas beim Segeln auf der Rücktour nach Almerimar.

Irgendwann würden bald Herbststürme einsetzen, und wenn Christin in einer Woche kommen würde, wäre das Boot als Komfortwohnung an Land und als Ausgangsbasis für die Erschließung Andalusiens ideal.

Gedacht, getan. Mit Hilfe von Markus und der Werft wurde die Moody neben vielen anderen Yachten aus vielen Nationen bei stehendem Mast an Land gesetzt und mit elektrischem Anschluss versehen.

Im weniger heißen Hamburg hatte inzwischen Christin die 30 Kinder ihrer Klasse in die Herbstferien entlassen und freute sich nach langen Wochen der Trennung, ihren Hinnerk in Malaga zu treffen. Das Glück war anfangs nicht auf ihrer Seite, da die Reiseagentur den falschen Flug gebucht hatte und der Anschlussflug in Madrid nach Malaga nicht mehr erreicht wurde. Der nächste Anschlussflieger kam eineinhalb Stunden später gegen Mitternacht an. Was war das für eine Freude, dass Hinnerk – völlig ohne Information, aber voller Sorgen – sein verloren gegangenes Weib wieder in die Arme schließen konnte. Mit dem Mietwagen die 180 Kilometer nach Malaga über die kurvenreiche Küstenstraße gekommen, wollte er auf gut Glück warten, bis der Flughafen nachts dicht machen würde.

Nun ging es nach Almerimar zurück und diesmal zum Winterliegeplatz im Hafen und über die Leiter hinauf in die Bootswohnung.

Die Sonne hatte den Decksalon schon gut geheizt und Kaffeeduft und das Geräusch der brutzelnden Spiegeleier in der Kombüse erleichterten es der noch verschlafenen Christin sich am späten Morgen des folgenden Tages aus der Eignerkabine zu bewegen.

»Hat mein liebster Seemann das alles schon gerichtet und so leise, dass ich gar nichts hörte?«

»Nun, das ist doch kein Problem, du sollst in jeder Hinsicht verwöhnt werden – es gibt viel nachzuholen. Eigentlich könnten wir auch im Freien in der Pantry frühstücken, aber hier im Salon hast du die gleiche Aussicht, ohne dass dich die kühle Morgenbrise stört.«

Christin gab zwischen den ersten Bissen in die knackigen Brötchen ein wohliges Schnurren von sich, blickte dann rings durch die Panoramascheiben und sagte:

»Also, man sieht, dass du den richtigen Liegeplatz ausgesucht hast: Stb und achtern – Aussicht über die Mole und aufs Meer und Bb – die Yachtnachbarn und der Hafen, einfach phantastisch und hinter der Mole werden wir den langen Badestrand finden! Du hast mir's doch versprochen: Badetemperatur liegt bei 28° C.«

So wurde es noch ein wunderbarer, gemeinsamer Herbsturlaub. Almeria (arab.: Spiegel des Meeres) mit der Alkazaba, der größten arabischen Wehrburg in Spanien, die mit EU-Mitteln restauriert wurde, war ein Ausflugsziel. Die Burgbesichtigung war für EU-Bürger, also für Familie Hoyer frei.

Es gab weitere Sehenswürdigkeiten, die mit einem Mietwagen schnell realisiert wurden:

— Der Naturpark Cabo de Gata.
— Die Wüstenlandschaft bei Tabernas mit Kakteen und ausgetrockneten Flusslandschaften, die als Kulisse für Westernfilme (Western Leone) hergehalten hatten.
— Granadas maurische Vergangenheit erforderte volle zwei Tage.
— Malaga, wo eine Flasche gleichnamigen Weins gekauft wurde.
— Der typisch grenadinische Bergort Salobrena, umgeben von Zuckerrohr-Feldern.
— Eine abenteuerliche Tour durch das Bergtal der Alpujarras, ein Rückzugsgebiet der letzten Muslime im Mittelalter. Arabischer Einfluss ist an der Architektur der Häuser erkennbar.
— Weiter durch die Dörfer der berühmten, luftgetrockneten Schinken »Serrano« bis hinauf in das höchste Dorf Spaniens, nach Trevélez.

Welcher Kontrast, als zwischendurch die Herbststürme einsetzten und die von Westen anlaufenden riesigen Wogen an der Mole brandeten. Gischtfetzen zischten über und gegen das auf dem Land fest abgestützte Boot, während man sich wohlig an seinen Partner in der warmen, sicheren Doppelkoje kuscheln konnte. Nachts hörten sie dann das beruhigende Klopfen der Marineros (Hafenwächter), als es stärker stürmte. Damit kontrollierten sie die Bootsstützen auf Standsicherheit. Am Urlaubsende wurden alle Abdeckplanen festgezurrt, und Familie Hoyer konnte heimwärts fliegen. Hinnerk resümierte:

»Dieser Sommer war ungewöhnlich schön, als wollte er sich bestens vom letzten Jahrtausend verabschieden. Typisch fürs Mittelmeer dieser Wolkenbruch vorgestern – er überschwemmte den ganzen Platz und war tatsächlich der erste Regen, den ich bewusst seit dem Regen im Frühsommer auf Mallorca erlebt habe.«

4. Auf den Spuren von Odysseus 1999

Menschen sind im Grunde – schon von der Entwicklungsgeschichte der eiszeitlichen Horde her – gesellige Geschöpfe. Als Hinnerk vor zwei Jahren ein Rentnerboot zu suchen begann, führte ihn der Weg auch auf den ersten Steg des Hamburger Yachthafens, wo die größeren Segelboote vertäut liegen. Es war ein Samstagnachmittag und herrliches Segelwetter und was Hinnerk auffiel war, dass fast alle diese Klasseyachten am Liegeplatz festgemacht lagen, und dass beinahe aus jedem ein einsamer alter Herr herausguckte.

»Das«, schwor sich Hinnerk, »soll dir mal nicht passieren!«

Die Moody Eclipse 43 ist durchaus so ausgelegt, dass ein Einhandsegeln vom Ablegen über Segeln bei schwerem Wetter bis zum Anlegen möglich ist. Aber nicht nur, dass die Verbrauchskosten (Liegegebühr und Brennstoffkosten) durch Mitsegler stark reduziert werden, da richtige Segler das Boot auch auf der Reise in Schuss halten – die Reise wird auch interessanter und »Freud und Leid« werden geteilt. Mitsegler waren daher erwünscht. Nun gab es zwar viele inserierte Angebote über Mitsegler bei Kostenbeteiligung, aber Hinnerk nahm am liebsten Bekannte und Freunde mit; das ist unkomplizierter.

Für die Überführungstour von der Costa del Sol nach Griechenland heuerte Hinnerk zwei ehemalige Kollegen seiner Entwicklungsabteilung an.

Mit Wolf Haller war Hinnerk schon früher mit seiner früheren Yacht, einer Carter 33, nach Norwegen gesegelt. Wolf, ein ruhiger und zuverlässiger Ingenieur, hat zwar ein eigenes Boot, die Fahrt im Süden reizte ihn aber, und da er in den so genannten vorzeitigen Ruhestand versetzt worden war, stand er bereits ab Mitte April zur Verfügung. Sein Handicap – eine übergroße Kurzsichtigkeit, die auch seine eigenen Segelfahrten oft zu Abenteuern werden lassen – ließ sich bei der Moody durch das ausgezeichnete Tageslichtradar kompensieren.

Jochen Holsten, der andere Mitsegler, war einer der besten Software-Ingenieure und ein Spezialist für die Manövrier-Steuerungen aller Schiffe bis zu den modernen Kreuzfahrtschiffen in Hinnerks Abteilung gewesen.

Selbst mit 60 Jahren war er noch gut sportlich drauf und durch Paragliding, Wildwasser-Kajakfahren und Skifahren trainiert. Er war allerdings bis vor kurzem überzeugter Kettenraucher, das heißt bis zu seiner Lungenoperation wegen Krebs. Nun, nachdem er in Frühpension gegangen war, wollte er gern mitsegeln. Seine Stärke war, dass er sich in alles schnell einarbeiten konnte; seine Schwäche, dass er dann mehr und besser zu sein glaubte als sein Lehrer. Damit aber hatte Hinnerk immer gut umgehen können.

Zu zweit – Wolf kam zuerst in Almeria an – wurde das Boot ausgerüstet. Nach dem Zu-Wasser-Lassen hatte der Motor Startschwierigkeiten. Im Kollektiv mit englischen Yachtnachbarn wurde der Motor wieder zum Laufen gebracht. Da der Motor diese Anlassprobleme weiterhin hatte, wurde schließlich eine neue Kraftstoffpumpe von Volvo eingesetzt, die kompatibel mit der von Perkins ist.

Als dann Jochen eintraf, wurden Wasser und Brennstoff getankt und Kurs auf Cartagena genommen. Diesen Weg muss nach Homers »Odyssee« vor ca. 3000 Jahren auch der griechische Seeheld Odysseus bei der Heimfahrt vom Hades und an den Säulen des Herakles vorbei zur Insel der freundlichen Kirke genommen haben. Diese Insel kann nur eine von den Balearen gewesen sein, da bei der Hinfahrt zum Oceanus und Hades die Kirke günstigen NO-Wind geschickt hatte. Nun mussten sie gegen diesen Nordostwind ankreuzen.

In Cartagena erlebte Hinnerk zwei Enttäuschungen im Vergleich zum früheren Besuch: Das Hafengeld war um 50 % erhöht worden, und es fehlte das internationale Gewimmel in den Straßen. Es war zu früh in der Jahreszeit und die Touristen noch nicht da.

Also weiter auf Odysseus' Spuren und über Alicante und dem hübschen Yachthafen Moraira nach Formentera, der südlichsten und kleinsten Insel der Balearen. Im einzigen Hafen, in der Cala Sabina, wurde festgemacht. Ab hier und weiter östlich im Mittelmeer gibt es auch Preise für Trinkwasser, das mit Tankschiffen vom Festland herbeigeschafft werden muss. Noch schien auch hier der Winterschlaf nicht zu Ende zu sein und jetzt, am 22. April, kam das Inselleben erst ganz zähflüssig in Gang. Für die Moody ein Grund mehr, nur eine Nacht zu bleiben und morgens die Fährte Odysseus' weiter nach Osten zu verfolgen.

Bei leichten Winden um West, also direkt von achtern und bei hoher Dünung bis vier Meter Wellenhöhe aus Nord – wahrscheinlich von einem Sturm zwischen dem Golf du Lion und Korsika – war es ein anstrengendes Segeln (Schlagen des Großsegel trotz Bullentalje). Es wurde wieder das bewährte Kreuzen vor dem Wind praktiziert, das das Rollen des Schiffs vor dem Wind etwas milderte. Wache wurde jeweils vier Stunden gegangen, wobei die Hundewache im April noch eine Zitterpartie war. Jochen, der draußen Steuerwache hatte, murrte:

»Schon fast 50 Stunden kein Schiff gesehen. Was soll also die Wache hier draußen, wo doch der ›Isern Hinnerk‹ das Steuern übernimmt?« Da schaltete Hinnerk endlich das Radar an, mit dem er sich wegen seiner Manie zum Stromsparen rar machte.

»Also, Jochen, dann rein mit dir und Radarwache gehalten. Der nächste schwache Kontakt ist gut zwölf Seemeilen voraus, wahrscheinlich ein Segelschiff. Kontrolliere die Entwicklung und schau nach anderen Schiffen.« Er unterwies Jochen noch kurz in die Bedienung des Radars.

Bereits nach zehn Minuten konnte Jochen, der das Radar auf »trecking mode« geschaltet hatte, seine Prognose abgeben: »Hinnerk, wenn beide Schiffe Fahrt und Kurs beibehalten, fährt das entgegenkommende Schiff in knapp einer Stunde eine viertel Seemeile Stb an uns vorbei. Sonst ist bis 25 Seemeilen im Umkreis kein weiterer Kontakt vorhanden, aber in zwei bis drei Stunden müsste die Südwestecke Sardiniens auf dem Schirm erscheinen.«

Offenbar fuhr der Entgegenkommende so wie die Moody mit dem Autopilot, denn Jochen meldete gegen drei Uhr:

»Segler unter Motor und Stützsegel querab. Er ist gut gegen das Mondlicht zu sehen – und Hut ab vor der Radartechnik.«

Als er von Hinnerk um sechs Uhr abgelöst wurde, waren die Felsen von Sardinien schon mit dem Auge gegen den hellen Horizont auszumachen.

Die Hauptstadt von Sardinien, Cagliari, erreichten sie gegen acht Uhr. Da aber der laute Hafen sehr unattraktiv war (kein Wasser, Strom und Brennstoff), wurde er bereits mittags wieder verlassen. Es wurde nach Porto Amando versegelt, einer kleinen Marina sieben Seemeilen östlich von Cagliari und unter Schwierigkeiten festgemacht. Die Moody war in dem engen Hafen und unter Windabdrift mit einer Mooringkette hinter der Ruderhacke verhakt und auch nicht mit dem Schlauchboot des Marineris frei zu schleppen. Kein Kommentar, war doch klar, dass Hinnerk der Verursacher war. Also musste er selbst ins kalte Wasser tauchen und das Boot von der Kette befreien.

Trinkwasser musste umständlich mit Kanistern von Land herangeschleppt werden. Vielleicht verhindert man dadurch das unselige Wasservergeuden durch das Bootswaschen mit kostbarem Trinkwasser. Nach der Übernahme von Proviant segelten sie los, aber heftige Winde von vorn bewirkten die Entscheidung, nach zehn Seemeilen die neue Marina Villasimas anzulaufen. Der abendliche Wetterbericht wies dann auch für die nächsten zwei Tage Starkwind O 6-7 Bft aus, sodass hier Station gemacht wurde. Dieser mit EU-Mitteln mitten in die großartige Landschaft gebaute Yachthafen besitzt alle Steganlagen, Slip- und Krananlagen und die notwendige Infrastruktur, aber außer der Moody gab es keine weitere Yacht und außer geöffneten Containertoiletten – nichts.

Im Hafen lag man absolut ruhig und sicher. Der Zwangsaufenthalt wurde zu ausgiebigen Wanderungen durch die wilde bergige Strauch- und Felslandschaft genutzt. Dicht westlich beim Hafen liegt die alte Festungsruine Fortessa Vecchia und weiter südlich ein uralter sardischer Ausguckturm, von dem man rechtzeitig arabische Piraten entdecken konnte. Im Osten war eine kilometerlange, sandige Nehrung, ideal zum Baden, wenn auch durch den starken Ostwind hohe Brandung stand.

Mit dem angekündigten Südwind und gegen die starke Ostdünung segelten sie schließlich mit Kurs auf die einsame kleine Insel Ustica los. Nach eineinhalb Tagen wurde an der Nordpier im leeren Hafen festgemacht. Hibiskus, Oleander und vielfarbig blühende andere Blumen und Sträucher bedeckten die Gärten, die die Treppen, Terrassen und steilen Wege bis hoch in den Ort säumten.

Man kann sich gut vorstellen, dass Ustica die bezaubernde und verzauberte Insel war, an der Odysseus vorbeisegelte und sich von seiner Mannschaft am Mast festbinden ließ, um nicht dem Reiz der Insel und den Gesängen der verführerischen Sirenen zu erliegen.

Die Mannschaft hatte sich ein Essen an Land verdient. Die Gastlichkeit der Inselbewohner ging sogar soweit, dass für die drei einzigen – in der frühen Jahreszeit auch ungewohnten – Touristen die Küche angeheizt und ein köstliches und preiswertes Essen serviert wurde.

Um den Zeitplan einzuhalten, wurde ausnahmsweise schon beim Anfang des nächsten Törns wegen der Flaute der Motor bemüht. Der bald aufgekommene Backstagswind SW 4 schob die Moody dicht vorbei an den westlichen Äolischen Inseln, die als hohe erloschene Vulkankegel bizarr aus dem Meer herausragen.

Abends wurde die Insel Vulcano erreicht. Im Hafenhandbuch ist vermerkt, dass im Westhafen, dem Portoponente, das Ankern verboten ist, aber in vielen Fällen das Verbot jedoch nicht beachtet würde. Solch ein Fall wurde auch die Moody, denn der Osthafen ist ziemlich ungeschützt. Wolf und Jochen hatten es nun eilig.

Wolf sagte: »Wir machen das Schlauchboot mit Outboarder klar; ob der Vulkan wohl noch arbeitet?«

Hinnerk wurde von dem Drang zum Landgang angesteckt und erwiderte: »Seht doch den wabernden Rauch, das sollten wir morgen erkunden. Jetzt aber erstmal an Land und zur Ostseite, da liegt der Ort, und der hat wegen der touristischen Attraktionen bestimmt etwas zum Futtern zu bieten.«

Die abendliche Exkursion hatte vollen Erfolg, zumal die Vergleichspizza-Margueritta nur sechs DM kostete und die Italiener im Pizzabacken ja unschlagbar sind.

Zwischen dem Inselort und der Ostküste liegt ein schwefelhaltiges Schlammbad, in dem sich schon einige amerikanische Touristen tummelten. Sie erzählten von der überaus großen Heilwirkung der heißen, weißen Brühe. Von den angrenzenden hohen Felsen stiegen gelbe Dämpfe auf und rochen penetrant nach faulen Eiern (Schwefelwasserstoff).

Jochen war begeistert: »Also klar, morgen, noch vor dem Aufstieg zum Krater, geht's in das Heilbad – was meint ihr, kostet uns doch nichts?«

Diesem Vorschlag wurde zugenickt und die Inselbesichtigung bis zum Dunkelwerden fortgesetzt. Als sie wieder am Westufer waren und freien Blick zur Ankerbucht hatten, riet Hinnerk zum Rückzug:

»Da ist ein weiterer Ankerlieger in der Bucht und hat sein Ankerlicht angemacht. Das sollten wir auch umgehend tun, damit sich nicht der nächste Besucher mit unserer Ankerkette vertörnt.« Und so kamen sie schnell wieder an Bord.

Das war ein Spaß am anderen Morgen. Jochen trieb zur Eile an und dann rein in den 38° C heißen Schlamm. Der Tümpel bestand aus hellem Lehmwasser und war etwa einen halben Meter tief. Wolf konnte das Foppen nicht lassen, als Jochen sich zusätzlich den ganzen Kopf bis auf die Augen mit der flüssigen Heilerde beschmiert hatte:

»Meinst du, dass auf deiner Platte wieder zarte Härchen sprießen, Jochen?«

Da dem Jochen die weiß-gelbe Soße auch über den Mund floss, konnte er diesmal nicht scharf parieren. Neben dem Deutsch der Moody-Crew waren noch einige andere Fremdsprachen im Schwefelpool zu hören. Aus dem heißen Boden perlten die Gasblasen nach oben. Gemeinsam amüsierte man sich köstlich. Jochen wurde es schließlich doch mulmig, als Hinnerk feststellte:

»Es gibt hier leider keine Duschen, weder warm noch kalt. Und die niedrigen Mittelmeertemperaturen habe ich noch von Sardinien her in Erinnerung – so kalt!«

Dabei gab er die Länge von zwei Zentimeter an und Jochen ahnte, was dieser persönliche Thermometer-Zustand bedeutete. Es wurde Zeit rauszugehen, denn der Kreislauf sackte schnell weg bei diesen Temperaturen, und die Sonne brannte auch sehr kräftig. Halb gereinigt marschierten die drei die 100 Meter hinüber zum Strand. Doch welche Überraschung. Überall sah man Blasen aufsteigen und schnupperte den Schwefelgeruch: Die vulkanische Tätigkeit setzte sich im Meerwasser fort und heizte es auf angenehme Temperaturen auf. So folgte ein ausgiebiges Säuberungsbad im Tyrrhenischen Meer.

Soweit erfrischt, wurde es Zeit, die 386 Meter Höhe des Vulkankegels in Angriff zu nehmen, bevor die mittägliche Hitze ihren Höhepunkt erreicht hatte. Belohnt wurde die Anstrengung durch einen herrlichen Panoramablick über die Äolischen Inseln, soweit es aufsteigender Schwefeldunst zuließ. Dieser kam aus den Tiefen des Kraters, in dem man die gelb-weißen Lehmtümpel heftig brodeln und kochen sah.

Odysseus war auf der Flucht vor dem von ihm geblendeten Kyklopen an der Küste Siziliens entlang zu dieser Inselgruppe gesegelt. Auf diesem lebte damals der Freund der Götter und Herr über alle Stürme Äolos, der dem Griechen und Sieger von Troja freundlich gesinnt war. Nach langen Feiern, bei denen Äolos alles über die Heldendaten von Odysseus wissen wollte, überreichte er ihm ein wertvolles Geschenk: Einen Sack, fest vernäht aus Stierleder, in dem sich alle Stürme eingeschlossen befanden. Dafür ließ er einen leichten Westwind wehen für die glückliche Heimkehr seines Gastes. Die Odyssee berichtet weiter, wie die neugierigen Gefährten des schlafenden Odysseus bereits in Annäherung an die Heimatinsel Ithaka den Sack öffneten und ein furchtbarer Oststurm sie zurücktrieb, an den Äolischen Inseln vorbei, bis sie nach sechs Tagen die Inseln der Kirke erreichten.

War da auch so ein Windsack an Bord der Moody oder war auf einer der mitsegelnden Yachten ein solches Ailosgeschenk aufgemacht worden? Jedenfalls waren am folgenden Morgen die Äolischen Inseln kaum außer Sicht, als ein SSO-Wind bald zu einem ausgewachsenen Sturm ausartete, der der Moody aus der Straße von Messina entgegenwehte. An ein Durchkommen gegen den Sturm war nicht zu denken.

Also umkehren und in Siziliens Lee nach der alten Römerstadt Milazzo ausweichen. Vor dem Zollamt lagen einige einheimische Yachten ungeschützt an der rauen Pier – also fehlte hier ein richtiger Yachthafen. Mit einem Anker quer zum Boot versuchte Hinnerk zumindest das Schamfielen an der rauen Hafenmauer zu vermindern, da der Sturm direkt in den Hafen hereinwehte. Als der Sturm (nach Windmesser 9 Bft) mehr auf Süd drehte, wurde der Seegang im Hafen zu stark. Mit Hilfe einer Leine zu einer anderen Yacht wurde abgelegt und in ein etwas besser geschütztes, südlicher gelegenes Hafenbecken gemotort und geankert.

Ihr Schlaf dehnte sich daraufhin bis zum Nachmittag aus. Dann versuchten sie, die lange Abschleppleine wiederzubekommen. Sie war, nachdem sie beim Ablegen im nächtlichen Sturm losgeworfen wurde, bei der italienischen Yacht geblieben. Nur diese Yacht war mit der Leine verschwunden. Also fuhren sie an die Südpier, um sich noch einen Tag zu erholen. An Land gab es absolut keine sanitären Einrichtungen. Die Duschen an

Bord waren wegen der ständigen Trinkwasserprobleme nicht freigegeben. Eine vollständige Körperreinigung war längst überfällig. Es gab nur einen Wasserhahn mit Schlauch mitten auf der Stadtpier. Dicht daneben war ein Zollposten und der gesamte Auto- und Fußgängerverkehr gingen daran vorüber. Unter den empörten Blicken des Zollbeamten und genau darauf bedacht, ihn nicht nass zu machen, wusch sich Hinnerk in Badehose mit dem von der Sonne erwärmten Wasser aus dem Schlauch. Leider war der Rest der Mannschaft nicht so mutig mitzumachen.

Abends kam Jochen von einer langen Stadtbesichtigung zurück und rutschte beim Übersteigen von der hohen Pier mit einem Plumps ins Hafenwasser. Gleichzeitig hörte man ein kräftiges Fluchen.

»Das ist Jochen«, meinte Wolf. Aber Hinnerk war schon an Deck und packte Jochen, der sich mit affenartiger Geschwindigkeit zum Decksüll und dann zum Relingsdraht heraufgezogen hatte und half ihm schnell an Deck, wobei er doch zugeben musste:

»Also Respekt, du bist wirklich gut in Form, und das war wichtig, schnell wieder zwischen Boot und Mauer herauszukommen. Eine plötzliche Welle eventuell durch eine vorbeifahrende Fähre – und »Prost Mahlzeit«: 14 Tonnen Masse gegen die Steinpier und du dazwischen, da hättest du keine Chance!«

»Denke an die Fäkalienrohre in der Pier – ein nasses Stinktier kommt nicht unter Deck«, Wolf konnte das Foppen nicht lassen.

»Hinnerk, das ist ein Notstand, gib das Wasser frei und lass mich unter die Dusche«, jammerte Jochen und klapperte vor Kälte, Nässe und vermeintlicher Abwässer, sodass Hinnerk wohl nachgeben musste, um den Bordfrieden zu retten.

Günstige Winde trieben die Moody am folgenden Tag durch die Straße von Messina bis in den Hafen von Reggio, der gegenüber dem Hafen von Messina auf dem italienischen Stiefel liegt. Obwohl einige Segler auf einen freien Liegeplatz hinwiesen, die trostlose Umgebung (Bahngelände, Industrie) war zu abschreckend. Also Rückzug und auf nach Riposto.

Diese Kleinstadt – beinahe unter dem gerade aus seinem Schlund rauchenden Ätna liegend – machte einen verschlafenen Eindruck und bot ihnen vor einem Steg im Südhafen mit zwei Meter Tiefe einen Liegeplatz.

Dabei kam ihnen der geringe Tiefgang des Shoalkiels der Moody entgegen. Der Tourismus ist hier noch nicht entdeckt worden. Es entfielen zwar die Hafen-Gebühren, aber das beabsichtigte Mieten eines Autos zur Annäherung an den Vulkan war in der ganzen Stadt nicht möglich.

Seit Spanien gab es keinen Landanschluss, und da auch kaum mit dem Motor gefahren und über den Dynamo eine Nachladung erfolgt war, wurde es Zeit, die Batterien einmal richtig mit dem Bordnetzaggregat aufzuladen. Das streikte aber mal wieder. Die beiden früheren Spezialisten von Hinnerks Entwicklungsabteilung brauchten für das Pandaaggregat nur 30 Minuten für die Reparatur folgender Fehler:

– Die 12-V-Erdung war unterbrochen (Einpolige Verlegung).

– Die elektrische Brennstoffabsperrung war wegen des abgefallenen Steckers nicht aktiv.

Als nach drei Tagen Aufenthalt in Catania / Club Nautica die Ablösung an Bord kam, konnte die Moody als voll funktionstüchtig gemeldet werden.

Die freien Tage von Catania wurden zur Inselbesichtigung genutzt. Die geplante Mietwagenfahrt rauf zum Ätna wurde zu einer Rundreise um den riesigen Berg herum, da er vollständig in Wolken gehüllt war. Interessante Ziele waren das Seebad Taormina, der alte Marinehafen Augusta und Catania selbst mit seinen römischen Ausgrabungen mitten in der Stadt.

Als Ablösung meldeten sich wieder zwei aus Hinnerks alter Abteilung, die er auch als Mitsegler auf gemeinsamen Chartertouren kannte, Rolf Redmann und Werner Rosen, der selbst als Eigner einer Kielschwertyacht auf der Elbe segelt.

Für flüssige Nahrung aus dem Lande sorgte Hinnerk mit dem Kauf einer Flasche Grappa und indem er die leere menorkische Korbflasche in einer Weinhandlung in der Altstadt wieder mit Rotwein füllen ließ.

Die nächste Fahrt sollte direkt nach Griechenland gehen. Aber bei zunehmender Flaute wurde im alten Hafen von Crotone, an der Sohle des italienischen Stiefels, Station gemacht und wurden die Festungen besichtigt.

Über Preveza in Griechenland ging es dann zur Bucht Mongonise am südlichen Zipfel von Paxos. Die Crew unternahm mit dem Beiboot eine Exkursion an Land. Ein romantisches Panorama war rundum zu sehen und dabei tiefblauer Himmel mit beginnendem Abendrot – ein gegebener Anlass, die angebrochene Korbflasche etwas zu erleichtern. Als Hinnerk mit Sonnenuntergang die Flaggen einholen ließ, kamen noch weitere Segler, um auch hier vor Anker die Nacht zu verbringen. Nichts ist für Segler im Hafen interessanter, als die Manöver anderer zu beobachten und zu kommentieren.

So kam die Moody-Crew in den Genuss eines Schiffsversenkungspiels, als eine stattliche Bavaria mit der Bayernflagge an der StB-ant unter Brassfahrt in die Bucht gerauscht kam.

»Da, seht doch die beiden gut positionierten Bikinimaiden auf dem Vordeck«, platzte Werner heraus, »und der smarte Steuermann lenkt die Yacht allein mit dem großen Zeh.«

Der zweite Segler an Bord, auch nur mit Badehose bekleidet, gab ein Zeichen, wo der Anker runtergehen sollte. Die Yacht stoppte hart ab, der Anker fiel auf Knopfdruck, und wie in der Segelschule nahm die Yacht Rückwärtsfahrt auf, leider etwas viel, sodass der Anker nicht hielt. Bei einem schon ankernden Segelboot war die Lage des Ankers nicht sofort zu erkennen. Hinnerk wurde unruhig. Er wusste wo der andere Anker lag, und als die Bayern mit größter Geschwindigkeit ihren Anker hochhievten, konnte er seine Einschätzung nicht zurückhalten:

»In 20 Sekunden gibt es einen Volltreffer.«

Und genau das passierte. Da half auch kein Rufen von Rolf: »Vorsicht, fremde Ankerkette!«

Die Besatzung des betreffenden Ankerliegers war scheinbar nicht an Bord, um sich bemerkbar zu machen. Der Anker zerrte wie ein Suchanker, der beim Schlieren über Grund nun etwas gefunden hatte an der fremden Kette, und verstärkt durch das Hochwinschen des Ankers nahm das daran hängende Schiff unter dem Zug zunehmend Fahrt auf. Es landete schließlich mit seinem eisenbewehrten Bug heftig krachend mittschiffs an dem splitterndem Süllbord und der nachgebenden Seereling der Bavaria.

Nach der etwas angeberischen Ouvertüre kam bei der Moody-Crew nun verhaltene Schadenfreude auf, zumal dem Ankerlieger kaum etwas passiert war und die forschen Bayern nun kleinlaut mittels Beiboot die Anker entwirrten und später fern am Ende der Bucht vor Anker gingen. In der Plicht der Moody wurden an diesem Abend noch manche Erlebnisse erzählt, denn jedem ist doch Ähnliches schon passiert.

»Vorsicht, fremde Ankerkette!«

Die Tour der Woche über Himmelfahrt endete in Korfu, wo das Flugzeug für die Hamburger startete. Korfu/Kerkyra, Scharia, die Insel der Phäaken in der Odysse. Hier trieb der schiffbrüchige Odysseus an die Küste und wurde von der lieblichen Königstochter Nausikaa gerettet. Als Odysseus sich den Phäaken zu erkennen gab und von seinen langen Irrfahrten erzählte, entließ man ihn mit Geschenken. Da die Phäaken nur nachts segelten, kamen sie am Morgen in Ithaka an und ließen ihn in einer Bucht schlafend zurück.

Mit neuer Mannschaft – Hinnerks Tochter Wiebke, Hinnerks Freund Eckhard und der Architektur-Student Pit, ein langjähriger Segelfreund von Hinnerks Sohn Helge – wurden die Spuren des Odysseus weiter verfolgt. Anders als in alten Zeiten, wo nur mit annähernd achterlichem Wind gesegelt wurde, kreuzte die Moody von Korfu bis hinein in den Westhafen von Gaios auf Paxos. Am Liegeplatz wurde auf die übliche, römisch- katholische Weise mit dem Heck zur Pier festgemacht. Da etwas Schwell in den Hafen lief, aber die Moody unterhalb der Badeplattform als moderne Yacht einen schräg nach hinten gezogenen Rumpfauslauf über die Wasserlinie hinaus besaß, hielt kein Fender als Schutz gegen die Betonpier. Da entwickelte Hinnerk aus der Not heraus einen »todsicheren« Tauchfender, indem er an einen runden Fender ein Eisengewicht hängte, das den Fender immer senkrecht vor Ort hielt, wenn man ihn halbgetaucht mit einer Leine am Heckkorb über dem scharf auslaufendem Heck befestigte.

Eckhard konnte sich mal wieder nicht zurückhalten: »Hinnerk, unser Daniel Düsentrieb, kann das Erfinden nicht lassen. Aber nun, wo wir das Boot ganz nahe an der Pier haben, brauchen wir die umständliche Gangway nicht aufzubauen. So ein Tauchfender ist bei allen modernen Yachten angebracht, die so ein spitz auslaufendes Heck haben, um die Wasserlinie zu verlängern.«

»Das ist wohl so, denn ›Länge läuft‹ und diese Moody hat bei knapp 13 Metern ›Länge über alles‹ eine Länge der Wasserlinie von elf Metern und läuft bei gutem Wind schon mal über elf Knoten«, ergänzte Hinnerk selbstzufrieden.

Wiebke dachte da paktischer und sagte: »Nun brauchen wir keine Wache an Bord zurücklassen, und wir können gemeinsam in die so schön im Hafen liegende Pizzeria mitten in das turbulente Gaios gehen.«

Bald darauf genossen alle den interessanten Spaziergang entlang des Hafens von Gaios. Mit ihren luftigen Plätzen im Restaurant direkt am Wasser konnten sich abends die neu angereisten Hamburger nach dem Törn unter heißer Sonne gut erholen.

Am folgenden Morgen blies wieder der im Sommer dort übliche Maistro, ein NW-Wind, der für die Reise nach Ithaka ideal war. Der Blister zog mächtig wie ein echter Spinnaker. In Lee von Levkas traten die erwarteten, sehr starken Fallböen auf und, da es Nacht wurde, hieß es Blister bergen. Obwohl Hinnerk bei voll ausgeschwenktem Großbaum einen Vorwindkurs fuhr, um dem Blister in Lee die Gewalt zu nehmen und einfallen zu lassen, kostete es diesmal dem Eckhard die Hornhaut an den Händen.

»Das Schwojen des Schiffes auf den Wellen vor dem Wind«, meinte anschließend Hinnerk, »ließ den Blister immer mal wieder aufblähen und diesen Ruck in dem Niederholer konnte Eckhard nicht abfangen.«

Und Pit stellte zur Diskussion: »Ich habe über Bergeschläuche für Spinnaker in der ›Yacht‹ gelesen. Meines Erachtens müsste so etwas auch für Blister möglich sein.«

Hinnerk legte schnell den Kurs fest, der zwischen Ithaka und Kephalonia hindurchführte und ließ ihn von Eckhard einsteuern:

»Eckhard, Kurs 150 Grad – wir nutzen den ungewöhnlich guten Wind, um wie besprochen, vor Anlandung in Ithaka nach Delphi zu segeln. Aber, Pit, der Bergeschlauch ist eine gute Idee, der ist nächste Saison fällig.«

Es war schon völlig finster, als die Moody durch den Diavoloskanal segelte und die Bucht Polis auf Ithaka, an deren Ufer die Phäaken den Odysseus zurückgelassen hatten, konnte man an Bb nur erahnen. Vereinzelte schwache Lichter waren an Ithakas Ufer und fast gar keines auf der Seite von Kephalonia zu erkennen. Wiebke, die mit ihrem Vater die erste Nachtwache hatte, war von dem erstaunlich hellen Sternenhimmel überrascht. Welch ein Unterschied zu den Nächten einer Großstadt wie Hamburg, wo das diffuse Lichtermeer der Stadt die Sterne überstrahlt und sie zum Teil verschwinden lässt.

Der Maistro stand bis zum Hafen Trizonia im Golf von Korinth durch. Eine halbfertige Marina ohne Infrastruktur erwartete sie. Erst nach langem Suchen war im alten Dorf eine Fischmahlzeit für die Mannschaft der

Moody in einem kleinen Lokal ausgehandelt worden, sie war schließlich sehr preiswert.

Ausgangspunkt für eine Taxifahrt nach Delphi war der sehr idyllisch gelegene Hafenort Galaxaia, nicht weit von Korinth gelegen.

Augenscheinlich war man hier bereits im Einzugsgebiet der Touristen. Die Moody-Crew wurde zweimal abgezockt. Der Taxifahrer forderte für die kurze Fahrt nach Delphi zuerst 7.000 Drachmen, aber nach der Fahrt wurden plötzlich 17.000 daraus, auf die auch bestanden wurde. Auch der Hafenmeister – und Hafengeld in Griechenland war etwas Neues für Hinnerk – bestand auf zwei Tage zu je 1.700 Drachmen, obwohl der Aufenthalt unter 24 Stunden blieb und nur eine Nacht betrug.

»Man soll nicht meckern«, dachte später Hinnerk, »es ist das erste Hafengeld in Griechenland«. So blieb es auch – von Marinas abgesehen.

Poseidon meinte es gut mit Hinnerk und ließ den Wind für die Fahrt nach Ithaka in Richtung Patras wehen, sodass nach einem Zwischenaufenthalt in Mesolongion mit nur einer Stunde Motorfahrt die Hauptstadt Vathy auf Ithaka erreicht wurde. Von dieser sicheren und wunderschön von hohen Bergen umgebenen Hafenbucht Vathy aus besuchte die Mannschaft nach der langen Spurensuche auch das steinerne Odysseus-Denkmal in dem Bergdorf Stavros.

Über die Stationen Levkas, Parga und die Syvotoinsel gelangte man endlich zum alten Hafen auf Korfu. Der Liegeplatz lag direkt unter der großen Festung, und sie waren von dort in wenigen Minuten mitten in der Altstadt. Es gibt für diesen gebührenfreien Platz keine Infrastruktur, also kein Wasser, Strom, Brennstoff und auch keine sanitären Einrichtungen. Für ein Schiff, das alles an Bord hat und immer jemanden aus Sicherheit an Bord lässt, ist es der ideale Aufenthaltsplatz. Selbst für die Ablösung der Mannschaft war ein Transport zum Flughafen in zehn Minuten zu schaffen.

5. Traumtörns Ionische Inseln 1999

Gleich nach Beginn der Hamburger Schulferien landete Christin, Hinnerks liebes Eheweib, auf Korfus Flughafen und wurde umgehend an Bord der Moody gebracht. Nach abendlichem Bummel durch Korfus' Altstadt ging es am folgenden Morgen bereits Segel auf und davon.

Im Hafen hatte ein Yachtie den Geheimtipp für einen sicheren Bootsaufenthalt in der Sandbucht westlich der Hafenstadt Parga verraten und eine Segelanweisung skizziert. Das war das Ziel, das bei erfrischendem Westwind und bei wie immer strahlendem Sonnenschein bereits mittags erreicht wurde. Dieser natürliche Hafen ist nach Osten offen, aber nur einige 100 Meter bis zu den Bergen, die Parga abdecken und die diesen Naturhafen gegen O- bis SO-Winde schützen.

Es lagen schon einige Boote dort, aber ein Platz war schnell gefunden. Zum Anlegen genügte es, mit langsamer Fahrt auf das flache Sandufer zuzuhalten, bis das Boot stand. Dann benötigte man nur noch eine Sicherheitsleine zu einem nahen Baum am Ufer. Das funktionierte, da der Hafen absolut gegen Schwell geschützt war. Der Landgang war problemlos: Entweder sich angekleidet vom Bugkorb an Land herunterlassen oder mit Badehose über die Badeleiter durchs Wasser über den Sandgrund gehen. Man sieht, dass der 1.5-Meter Tiefgang des Schiffes auch hier von Vorteil ist.

»An Land ist ja nichts als Natur pur«, stellte Christin fest, die nun, da das Schiff sicher lag, sich erstmal einen schattigen Platz unter der Bimini ausgesucht hatte, »daher ist auch das Wasser ganz klar. Lass uns erst einmal abkühlen und schwimmen gehen, bevor wir unser Mittagessen in Angriff nehmen.«

Da konnte Hinnerk nur zustimmen:

»So einen idealen Schiffslande- und Badeplatz habe ich noch nicht erlebt. Also nichts wie rein, aber lieber hinter dem Hafenende, wo die Naturmole ist. Es gibt ja hier keine Toiletten an Land – daher Vorsicht!«

Das Badeleben lief an: Es wurde gegessen, gefaulenzt, geschwommen, gegessen und abwechselnd einzeln oder gemeinsam geschlafen, und da es wohl nirgends einen besseren Erholungsort gab, blieb man trotz Hinnerks ewigen »Hummeln im Hintern« noch zwei Nächte. Vor der ersten Übernachtung schätzte Hinnerk die Sicherheitslage ein:

»Wegen des flachen Grundes vor dem Hafen kann eigentlich keine Dünung in den Hafen eindringen, und die Nachbarn sind Seesegler vom alten Schlag, die passen auf. Wir liegen hier sicher.«

»Dann könnten wir morgen früh ein paar Stunden für eine Wanderung über den Berg nach Parga einplanen, das wäre prima.«

Christin hatte Recht, der Hafenort Parga wird nicht umsonst als Ausflugsort von Touristenschiffen angelaufen. Die Wanderung war ein Erfolg. Bevor es so richtig heiß wurde, waren sie zurück.

»War doch richtig«, sagte Hinnerk, der die meisten Reserven hatte und die Spaghetti mit scharfer, knobihaltiger Tomatensoße auf die Schnelle produzierte, »dass wir den Fotoapparat mithatten; diesen tollen Blick über den Pargahafen und Strand habe ich konserviert, und was hat dir am besten gefallen?«

»Da du mich so gut kennst, kannst du es dir bestimmt denken: Diese Blütenpracht überall in der Stadt, besonders aber in den Gärten der Häuser und auf den Terrassen den Berg hinunter. Leider kann ich zu wenig davon bestimmen außer Hibiskus, Veilchen, Azaleen, Flieder und Bourgainvillae!«

Damit waren die Vorlieben und das Typische der beiden exakt beschrieben, und Christin deckte den Mittagstisch in der Plicht, wo es im Schatten richtig angenehm war.

Das nächste Fahrtziel hieß Preveza. Der Kurs konnte bei gutem halben Wind dem Autopiloten überlassen bleiben, während das Ehepaar Hoyer mit minimaler Bekleidung an Deck in der Sonne lag. Sonnenstrahlen sollen ja die Hormonproduktion, mindestens die von Vitamin D, fördern. Bei der sensiblen Blondine Christin hatte offenbar die Sonnencreme selbst mit dem Schutzfaktor 40 nichts genützt. Schelmisch guckten ihre blauen Augen, die sich dem Tiefblau des Himmels angepasst hatten, zwischen ihren langen, hellblonden Haaren hervor.

»Wo bleiben deine Versprechungen, all das Versäumte der vergangenen neun Wochen nachzuholen?«

Sie kniff verführerisch ein Auge zu und weg war sie und verschwand in die Eignerkabine. Hinnerk hatte wohl verstanden. Er konnte sich sofort bei den anregenden weichen Auf- und Abbewegungen des Vordecks in den langen Wellen des Ionischen Meeres auf die neue Situation einstellen. Er musste aber zuerst an die Sicherheit des Schiffes denken. Ein Rundblick um das Schiff wegen eventueller Kollisionsgegner oder sonstiger Hindernisse genügte ihm aber nicht – vorsichtshalber stellte er die Alarmierungsgrenze des Echolotes auf zehn Meter ein. Ausziehen war bei ihm nicht mehr nötig und als er endlich im Vorschiff auftauchte, sah ihn seine Christin erwartungsvoll an:

»Du kommst aber spät!« Ihr beginnender Vorwurf wurde sofort erstickt, als Hinnerk mit einem Sprung, verstärkt durch eine Aufwärtsbewegung des Vorschiffs, in voller Größe bei ihr auf der Doppelkoje unter dem Panoramaspiegel landete.

Die Koje war ziemlich im Vorschiff angeordnet, sodass nicht nur das Schiffsrollen, sondern auch das Stampfen des Bugs die beiden innig zusammenkommen ließ. Zu lange hatte Hinnerk auf Christin warten müssen und beide genossen die Einsamkeit auf dem Meer, während die Wogen und der Wind sie und das Boot ständig wiegten und sie ihrem Ziel immer näher brachten. Es sollte nicht sein, denn plötzlich ertönte schrill der Alarmton des Echolots und riss beide aus ihren innigen Träumen.

»Scheiße«, brüllte Hinnerk und sprang aus der Koje, »da ist 'ne Untiefe, bleib wo du bist, bin gleich zurück!«

Hinnerk rauf an Deck, schnell einmal rundum geschaut und dann die einsichtige Erkenntnis zu seiner Beruhigung: »Etwas zu nahe am nächsten Kap, vor dem es meist zu Anschwemmungen kommen kann. Will lieber den Kurs drei Grad weiter von Land weg einstellen.«

Er machte eine neue Kurseintragung von der Zehnmeterlinie in die Seekarte. So müssten sie die Ansteuerungstonne Preveza mit Sicherheit erreichen, da bisher immer Verlass auf den »Isern Hinnerk«, den Autopiloten, gewesen war.

»Aber da wartet doch noch jemand auf mich«, kam es Hinnerk nun wieder in den Sinn und er tauchte schnell wieder ins Bootsinnere ab.

Christines süßes, von Hinnerks Bart wohl gerötetes Gesicht schaute ihm ängstlich fragend entgegen: »Draußen alles in Ordnung?«, und als Hinnerk nickte, »komm bitte, mein Seebär, ich friere schon ohne dich.«

So war die Weiterfahrt gesichert und die beiden genossen endlich die Nähe ungestört miteinander, die sie so lange vermisst hatten. Als hätte Poseidon Einsicht und ließ die Wogen und den Wind auf moderate Weise abklingen, sodass die Bewegungen des Bootes weich und friedlich wurden und schließlich von beiden nebeneinander liegend bewusst erholsam empfunden wurden.

Als Hinnerk bald darauf mal nach dem Rechten sah, war vom Boot aus die Ansteuerungstonne für Preveza bereits zu sehen. Sie waren am Ziel angekommen.

Hinnerks Leitsatz: »Eine Segelyacht ist zum Segeln da«, führte dazu, dass er bei dem günstigen Wind auch die drei Meilen durch den Seekanal gemütlich segeln wollte. Übrigens hatte es hier vor rund 2.000 Jahren auch recht heftig gebumst. 31 vor Christus entschied sich das weitere Schicksal der damals bekannten Welt durch eine Seeschlacht. Orient (Mark Anton und Kleopatra) sammelten Schiffe und Truppen bei Aktio, während Okzident (Oktavianus, der spätere Kaiser Augustus) sich weiter nördlich positionierte.

Um einer Landung Oktavians zuvorzukommen, verlegte Markus Antonius seine Flotte in die Mündung des Golfes, in die tiefe Zufahrt, die Hinnerk gerade durchsegelte. Bei NW-Wind segelte Oktavian los. Seine Flotte bestand aus einer 10-fachen Anzahl wesentlich kleinerer, flach gehender Segelgaleeren. Diese umkreisten die tiefgehenden, in der Rinne festliegenden Kriegsschiffe des Antonius und schossen sie in Brand. Als dessen Niederlage absehbar war, durchbrach mit blähenden Segeln Kleopatras Flotte die Schlachtenszene und entschwand nach Süden, worauf ihr Antonius mit einem Schnellsegler folgte und die Niederlage vollständig machte. Der orientalische Einfluss auf Europa war damit gescheitert.

Während Hinnerk schnell T-Shirt, Badehose und Segelschuhe anzog, beruhigte er Christin:

»Ruh dich nur weiter aus. Ich rufe dich, wenn wir da sind.« Und er nahm erstmal das Groß weg, indem der »Isern Hinnerk« das Schiff hoch am Wind steuerte und Hinnerk mit der Inline-Reffanlage das Segel in den

Mast einrollte. Die Genua brachte das Boot dann durch die Ansteuerrinne und an Aktio vorbei in den Preveza-Hafen. Dicht davor rief er Christin, die zwar mit noch wuselig gelocktem Haar, sonst aber selbstzufrieden lächelnd, nach Anweisungen des Skippers Fender verteilte und die Festmacherleinen vorbereitete. Von früherem Besuch wusste Hinnerk, dass der einzige Strom- und Wasseranschluss gegenüber dem Bankgebäude war. Da wurde mit dem Bug gegen den Wind angelegt und festgemacht. Christin war mal wieder erstaunt:

»Eine kilometerlange Promenade entlang der Pier, die schmucken Blumen- und Rasenbeete dahinter, die ganze Promenade zum Land hin voller Lokale, wo man wahlweise drinnen oder im Freien sitzen kann, und alles sieht einladend und sauber aus, also Hinnerk, du bist mal wieder für eine Überraschung gut gewesen.«

Der Skipper schloss schnell den Landanschluss und den Wasseranschluss an, denn am Abend kommen Gärtner, die beides für ihre Beete brauchen.

»Du wirst abends noch mehr staunen, wenn die Pier voll von Yachten ist und das öffentliche Leben hier erwacht. Es ist kaum zu glauben, aber es sind vor allem die Einwohner Prevezas, die die Cafés und Restaurants besuchen, und einheimische junge Leute, die adrett gekleidet die Flaniermeile hoch- und runterbummeln unter dem Motto: ›Grieche sucht Griechin‹.«

Hier hatte er auch beim ersten Hafenbesuch zufällig den Deutschgriechen Reimar Schütt kennen gelernt. Mit diesem war nun ein abendliches Treffen ausgemacht worden.

Mit einem gemieteten Motorroller fuhren Hinnerk und Frau zur nahen Ruinenstadt Nikopolis. Leider wird die neue Küstenstraße, die nach Aktio mit einem Tunnel unter dem Ambrakischen Golf hindurchgehen wird, genau durch das Ruinenfeld geführt. Aber auch der westlich der Straße liegende, frei gegebene Teil ist so groß, dass der Motorroller für die Rundfahrt benutzt wurde. Durch die Stadttore kamen sie zu den beiden ausgegrabenen Theatern. Das besser erhaltene war natürlich abgeschlossen. Gerade das wollten beide sehen. Hinnerk meinte: »Wo ein Wille ist, ist auch ein Weg!«

Und der Weg ging über den Motorroller, der als Steighilfe diente, und über den Zaun. Durch die gewagte Aktion wurde dieses renovierte Theater das interessanteste und aufregendste, das beide bisher gesehen hatten.

Abends – in der Plicht sitzend – amüsierten sich Hinnerk und seine Frau gerade über den einsetzenden Strom der Spaziergänger vor dem Schiff – als Familie Schütt zu Besuch kam. Nach einem gemeinsamen Drink wurde Hinnerk mit Christin zum griechischen Essen eingeladen. Reimar bugsierte alle zielstrebig in das richtige Restaurant.

»Nicht in die erste Reihe«, meinte er, »da ist man preislich und geschmacklich auf Touristen abgestimmt.«

Er führte sie in ein zünftiges Fischrestaurant gleich in die erste Parallelstraße. Es war ein gemütlicher Abend in griechischer Atmosphäre. Sie staunten, als sie ins Erzählen kamen, wie viele gemeinsame Bekannte sie in Hamburg hatten. Durch die Ortskenntnisse der beiden griechischen Neubürger erhielten die Hoyers viele brauchbare Informationen. Zum Schluss wurde ein gemeinsamer Segeltörn beschlossen, sobald die Moody wieder von ihrem Ferientörn zurückkehren würde.

Der nächste Reiseabschnitt führte durch den Levkaskanal, wobei die Durchfahrt unter der Hubbrücke wegen der Überbreite der Moody von 4.26 Meter nicht ungefährlich war, da nicht mal zwei Meter auf jeder Seite frei blieben und das klare Wasser die scharfen Unterwasserfelsen sichtbar machte.

Um etwas mehr Ruhe und Natur genießen zu können, bot sich die Tranquilbucht (Beruhigungsbucht) als Ankerplatz an. Die Bucht ist vor starken Winden so sicher, dass viele Yachten hier im Wasser überwintern. Hoch oben auf der nördlichen Landzunge steht die Villa des dort sehr verehrten Altertumsforschers Dörpfeld (Schüler von Schliemann), der Levkas als das antike Troja ansah. Zwei Tage Wandern, Baden, Einkaufen und Erholen waren angesagt. Dann verlegte der Skipper das Schiff nach Kephalonia in den beliebten nördlichen Hafen Phiskardo.

Malerische alte Häuser inmitten Pinienhainen, eine normannische Kirchenruine, klarstes Wasser, sogar im Hafen und viele einheimisch geprägte Einkaufsläden, Cafés und Restaurants zeichnen diesen Ort aus. Gegenüber früher waren einige zusätzliche Anlegebrücken verfügbar. Sie dominierten in ihren Ausmaßen aber keineswegs den allgemein guten Eindruck.

Nachdem auch diese Insel Kephallonia mit dem Motorroller besichtigt worden war – inklusive der beeindruckenden blauen Nymphengrotte in Mellissam – wurde über den Zwischenhafen Poros die Insel Zakynthos angesteuert.

In der gleichnamigen Stadt liegt die Yachtpier dicht neben dem venezianisch geprägten Stadtzentrum. Das schlimme Erdbeben von 1953 hatte nicht alle Bausubstanz zerstört. Außerdem versucht man seitdem das italienische Flair des Stadtbildes zu erhalten. Dass die Insel früher als »Blume der Levante« bezeichnet wurde, konnten der Skipper und seine Frau verstehen, als sie mit Motorroller das Inselinnere erkundeten. Es war wie ein »Garten Eden« mit Weinreben, Feigen-, Oliven-, Orangen- und Zitronenbäumen und vielen anderen Fruchtsträuchern. Welch einen Kontrast bildeten oft die Küsten mit ihren Steilufern, wie der »Schiffswrackstrand« und die steilen Schluchten, die in sandige Badestrände übergingen.

Das Stadtzentrum überraschte durch breite Boulevards, mit Arkaden versehenen Läden und vielen größeren öffentlichen Gebäuden, die fast alle den eigenartigen Barock zeigen, wie man ihn nur in Italien findet.

Christin wollte auch unbedingt in die altehrwürdige Kirche vom Heiligen Dhionisios, dem Schutzpatron der Insel. Als sich viele der Gläubigen in einen separaten Raum drängten, reihte sich unauffällig die Familie Hoyer mit ein. Der über vierhundert Jahre tote, aber sehr gut erhaltene Dhionisios war dort aufgebahrt und unter der Aufsicht eines Popen brachten die Menschen dem Heiligen durch Küssen ihre Verehrung zum Ausdruck und steckten dabei dem Popen Papierzettel mit persönlichen Wünschen zu.

Während Hinnerk den Kuss zumindest vortäuschte, beeindruckt von dem rührendem Vertrauen der Heiligenverehrer, steckte Christin einen schnell geschriebenen Wunsch um gute und sichere Reise auf der Moody Eclipse dem Popen zu und drückte sich so um den obligatorischen Kuss auf den Fuß des Dhionisios. Ob es genützt hat?

»Aber ja«, kann Hinnerk heute bestätigen. »Keine Grundberührung oder ernsthafte Kollision seit mehr als sechs Jahren.«

Anlegen auf »katholisch«, Zakynthos mit St. Dhionisiossturm.

Die Überfahrt zum Pellepones dauerte bei gutem NW-Wind bis zum Festmachen am Hafenkai von Katakolon nur knapp drei Stunden. Der am
Golf von Arkadien gelegene Hafen Katakolon ist der ideale Ausgangspunkt
zu einem Besuch des alten Olympia. Für nur 100 DM wurde ein Wagen
mit Fahrer für einen Tag gemietet. Christin kann es bis heute nicht begrei-
fen, dass sie bei 44° C. im Schatten diesen ganzen Tag überstanden hat,
dabei posierte sie sogar als startende Läuferin und fotografierte ihren Hinnerk beim Hereinlaufen in das Stadion. Tatsächlich hatte auch Hinnerk
Schwierigkeiten in der Sonne und beide drückten sich wenn möglich beim
Rundgang von einem schattenspendenden Baum zum nächsten. Trotzdem
waren beide von diesen antiken Anlagen begeistert und erinnern sich oft
daran.

Das nächste Ziel war der Golf von Korinth. Am späten Nachmittag
wurde der Fährhafen Kilini erreicht. Der Hafen sah bereits beim Einlaufen wegen des Fährschiffsbetriebs und der Baggerarbeiten überhaupt nicht

einladend aus. Alternativ konnte Hinnerk einen romantischen Ankerplatz an der Oxeia-Insel anbieten. Leider wurde die Überfahrt anstrengender als gedacht, da der Wind immer vorlicher drehte und stärker wurde. Böen erreichten Sturmstärke und Christin lag flach, soweit das Krängen des Schiffes es zuließ. Bis die Ostbucht etwas Leeschutz gab, musste der Motor zugesetzt werden, um gegen Sturm und etwa drei Knoten Gegenstrom anzukommen. Mit Dunkelwerden und unter Gewitterblitzen wurde die Verankerung vorbereitet. Das Ufer war fast überall eine Steilwand, die unter Wasser als Schuttkegel bis 40 Meter abfiel. Auf 10 Meter Tiefe fiel der Buganker, und Hinnerk schwamm mit langer Leine an Land. Die Fallböen schossen heftig mit wechselnden Richtungen die Steilwände hinunter. Beim Dichtholen der Achterleine gab der Anker nach und hielt nicht. Schöne Pleite!

Schon drückte der Wind und der Schwell das Schiff immer mehr achtern an die Felsen. Hinnerk konnte sich schon mit der Hand an der Steilwand abstoßen. Etwas Luft brachte noch einmal kurz ein Zug durch Hieven des rutschenden Ankers. Hinnerks Entschluss kam sofort:

»Wir müssen hier weg, Christin, hole das große geriffelte Küchenmesser. Ich starte den Motor.« In größter Eile stolperte Christin die Stufen zur Kombüse hinunter, griff in die Spüle, in der sich noch das schmutzige Geschirr stapelte und wegen des Seegangs nicht abgewaschen war und fand nach endlos erscheinenden Sekunden das geriffelte Messer.

Der Bugstrahler drückte den Bug etwas vom Felsen weg, und dann, mit dem Motor langsam vorausgebend, war das Boot wieder manövrierbar, bis die Achterleine auf Zug war. Hinnerk musste nun wohl auf einen Teil seiner langen Leine verzichten, und rief in höchster Eile:

»Christin, kapp die Leine!« Das gelang ihr schnell, denn unter Motorzug ging das leichter. Der Anker wurde eingezogen. Dann in der Mitte der Bucht angekommen, war eine neue Einschätzung der Lage notwendig:

Offenbar war ringsherum Gewitter, der Wind drehte nach rechts auf NW 7. Die nächsten Häfen in Lee sind klein und schlecht befeuert, außer Patras, das als Ferienziel zu wenig attraktiv ist. Die offene See nach Westen schien für Hinnerk die sicherste Lösung, zumal Christin aus Konditionsgründen nachts bei längerem Einsatz ausfiel. Also wurde nur mit kleiner Fock südwärts um Oxeia herum und dann hoch am Wind gesegelt, so gemütlich wie der Starkwind es zuließ. Hinnerk stellte befriedigt fest, dass die Moody Eclipse gegen die gut 7 Bft und steile See allein mit der Fock nur etwas weniger als 55° real am Wind lief.

Während das Feuer von Oxeia langsam verschwand, machte Hinnerk sich bewusst, dass an diesem Ort, wo er so gut davongekommen war, vor gut vier Jahrhunderten das Abendland durch einen gewaltigen Seesieg der christlich kaiserlichen Flotte über die Türken vor einer islamischen Zukunft bewahrt worden war. Der Sieger der Schlacht von Lepanto, Don Juan von Austria, war der uneheliche Sohn des Kaisers Karl V. mit einer Regensburger Schönen; er bewirkte damit auch, dass die Ionischen Inseln nicht unter türkischen Einfluss kamen.

Während Christin ruhte und der »Isern Hinnerk« steuerte, konnte der Skipper sich um die Navigation kümmern. Als am Morgen der Wind abnahm, war nach einem Kreuzschlag die Vathybucht auf Ithaka erreicht. Ein Schlaf- und Badetag war angesagt. Wieder wurde ein Motorroller gemietet. Hinnerk nahm Christin mit auf eine Rundtour. Südlich von Vathy begann sie hoch über Paläochora (die alte Inselhauptstadt als Fluchtort), wo sie alte Häuser- und Kirchenruinen fanden. Nach Stavros führt eine Höhenstraße mit einem phantastischen Überblick auf den viele 100 Meter tieferen Diavolokanal, den die Moody schon einmal nachts durchsegelt hatte.

Natürlich musste auch die Polisbucht besucht werden, wo die Grotte des Odysseus liegt. Interessant war die Fahrt bergauf zum malerischen Dorf Anogi und dann an dem über 800 Meter hohen Berg Niritos vorbei zum Kloster Katharon, das auch über Mittag offen war. Bei einer umfassenden Besichtigung landeten die ungebetenen Besucher in dem Mönchschlafsaal, der fluchtartig wieder verlassen wurde, als sie die langbärtigen Mönche dort schlafend und schnarchend antrafen. Hinnerk wurde beim schnellen Fortfahren mit dem Wagen klar:

»Nun ist eine alte Streitfrage entschieden: Männer haben beim Schlafen die langen Bärte über der Decke und nicht darunter! Außerdem schliefen alle Mönche tief und fest. Man dachte gleich an das Sprichwort: ›Sie schlafen den Schlaf der Gerechten!‹«

Im nächsten Hafen Ithakas, Frikes, bekam die Moody den besten Platz am Ende der Mole, direkt gegenüber dem Restaurant »Penelope«. Ein

Grund mehr, dort am Abend zu sitzen, sich bedienen zu lassen und die abendliche Kühle zu genießen. Tagsüber brachte das Bad vor der Mole nur wenig Erfrischung, bis Christin zufällig einen kalten Bereich beim Schwimmen fand (a cold spot), eine unterseeische Quelle. Daraufhin war auch das Baden im Meer eine wahre Erfrischung.

Ithaka ist noch wenig vom Tourismus erschlossen, abgesehen von den Yachties. Will man noch mehr die Einsamkeit suchen, findet man sie auf den vielen kleinen Inseln und den kleinen Festlandhäfen. So war ein Tag auf der Insel Kastos vorgesehen, die nur ca. 40 Bewohner hat. Diese meist alten Frauen und Männer wohnen in einem idyllischen, halb verlassenen Dorf rund um den Hafen. Tatsächlich war die Moody das einzige Besuchsschiff. Wegen der Enge im Hafen durch die Fischerboote ankerte sie draußen vor der Mole.

Die größere Nachbarinsel Kalamos bot mehr Platz im Hafen. Mittags wurde mit dem Bug am Kai festgemacht und wegen der 13 Meter Bootslänge musste die Ankerleine – der Patentanker am Heck hatte nur fünf Meter Kettenvorlauf – quer über den Hafen gelegt werden. Um diese Ankerleine wegen des Bootsverkehrs im Hafen gut tief zu halten, wurde ein Gewicht mit Gleitschäkel verwendet und an einer Leine auf ihr heruntergelassen. Bis zum Abend kamen noch ca. 20 Boote. Auffallend, dass auch hier wegen fehlender Erwerbsmöglichkeit – außer etwas Fischfang – kaum junge Männer zu sehen waren. Wunderschöne Pinienhaine wuchsen bis zum Ufer herab und die nach oben bis 750 Meter hochragenden Berge waren mit Macchia bedeckt. Eine Kirche stand abseits mit laut missionierendem Popen, der seine Andachten über außen an der Kirche befestigten Lautsprechern bis in den Hafen vernehmen ließ. Die Nachmittagshitze war fast unerträglich, da kein kühlender Wind wehte. Selbst spätabends um 22 Uhr zeigte das Thermometer 40° C.

In der Vonnaki Marina, weit im Norden, musste Hinnerk zum zweiten Mal in Griechenland für den Liegeplatz löhnen, allerdings erst am zweiten Tag und zusätzlich für das Tanken von Trinkwasser. Aber seit langer Zeit war wieder richtiges Duschen und Wäschewaschen möglich.

Die wie ein Tintenklecks auf der Seekarte aussehende Insel Meganisium sollte einen Besuch wert sein, und es war ein tolles Naturerlebnis in den tiefen, mit Pinien- und Olivenhainen umsäumten Buchten und dem zum Tauchen einladenden Wasser. Die in der Nähe liegende größere Insel Levkas lockte zu einer Erforschung in gewohnter Weise mit dem Motorroller. Das Boot würde am sichersten in der bekannten Tranquilbucht zurückgelassen. Von Meganisium führte der Segelweg direkt zwischen der großen und kleinen Onassisinsel Scorpios hindurch, wobei die große Motoryacht »Christina«, die dort zwischen Tonnen vertäut lag, nicht zu übersehen war. Sehr zum Verdruss der Anwohner wurde dieser Privatbesitz sogar von Ausflugsschiffen umkreist und davor geankert.

»Sail and drive«: Von Nidri, wo das Schlauchboot zurückblieb, wurde diesmal ein Motorrad ausgewählt. Gegen den Uhrzeigersinn knatterte Hinnerk mit seiner als Beifahrer sich anklammernden Christin um die Insel Levkas. Levkasstadt ist von vielen und oft heftigen Erdbeben gezeichnet. Immer wieder aufgebaut, aber aus Erfahrung nicht über ein Stockwerk hinaus und mit einer festeren Bausubstanz, gemischt aus Holz, Wellblech, Stein, Beton, Eisen – selbst der Kirchturm war separat vom Gebäude als Eisengerüst mit frei hängender Glocke errichtet worden. Zusammen gesehen hat es wiederum einen gewissen Charme und ist ein kulturelles Zentrum, das zum Verweilen lockt. Die Morvafestung mit dem Galeerenhafen und dem Venezianischen Fort – sie sind Hinweise auf die früheren langen Kämpfe gegen die Türken.

Von dort wurde die nördliche Salzlagune umfahren, vorbei an den fünf teilweise intakten Windmühlen auf der Nehrung, hinauf zu einem berühmten Kloster und dann zum »schönsten griechischen Strand« Kathisma. Immer wieder legten sie Badestopps ein, wenn die Steilküste durch tiefe Einschnitte unterbrochen wurde.

Schluss mit lustig war, als sie im Südwesten der Insel den berühmten Höhenweg hinauffahren wollten, um das steile weiße Kliff, den Leukadischen Felsen, zu besichtigen (die Stelle, wo sich nach der Sage die unglücklich verliebte Dichterin Sappho hinabgestürzt haben soll).

Die Straße ging so steil nach oben, dass Hinnerk nur im ersten Gang fahren konnte. Einem nachkommenden Auto war das zu langsam und es hupte dreimal hintereinander. Hinnerk war fast oben und beschleunigte daraufhin mit Vollgas, sodass das Motorad »den Hengst machte« und Christin hinten abwarf. Christin schrie laut auf, das Auto stoppte zum Glück sofort, Hinnerk bremste, das Motorrad kam schlagartig in die Horizontale, bekam wieder Gas, ging in die Senkrechte, worauf Hinnerk mit zweifacher Rolle den Abgang machte. Zum Glück war – wie schlimm es auch aussah – nur das Motorrad der Verlierer.

»Ist alles in Ordnung, ach, Hinnerk?« Wie in jeder amerikanischen Filmszene kam auch hier diese Standartfrage. Hinnerk sah an sich runter und nickte trotz einiger Schrammen. Er holte das knatternde Vehikel von der Straße, stellte den Motor ab und untersuchte es.

»Handbremse kaputt, es lässt sich nicht starten, also versuchen wir es im zweiten Gang und mit Schwung.«

Das feindliche Auto war vorüber und die Straße frei. Beim Rollen bergab kam die Maschine mit dem ersten Einkuppeln. Christin sprang mit einem Satz wieder hinten auf; der Rest des Programms wurde gestrichen und ohne Handbremse ging es um die halbe Insel herum nach Nidri. Der Vermieter sah die Schäden als nicht so kritisch an. Hinnerk wurde verpflastert und durfte am nächsten Tag in der nächsten Badebucht seine Wunden lecken und kühlen.

Nun folgte der Rundtörn um den Ambrakischen Golf mit der Familie Schütt. Einige weitere Stationen bis Korfu verliefen problemlos, wenn man vom Ausfall des GPS-Systems absieht (Milleniumfehler).

Ein herrlicher und aufregender Törn war in Korfu zu Ende. Hinnerk und Frau flogen nach Hamburg und Sohn Helge mit Freunden übernahmen das Boot für eine Reise.

*

Helge war ein perfekter Segler mit viel Erfahrung auf eigenem Jollenkreuzer auf Ost- und Nordsee. Obwohl Vater Hinnerk ihm noch einige Tipps aufgeschrieben und gute Ankerbuchten in der Seekarte vermerkt hatte, war es schon mutig, allein mit einer Freundin, die zwar eine gute Bergsteigerin, aber keine Seglerin war, die Moody im Ionischen Meer zu segeln. Er hatte ein Hand-GPS als Ersatz mitgebracht.

So ist verständlich, dass er auf halben Weg zu seinem ersten Ziel, der Bucht Lyggia, bei aufkommendem Gewitter das Hasenpanier ergriff, umkehrte und in den alten Hafen Korfu zurückmotorte. Tags darauf setzte er seinen Test des Bootes bei der Überfahrt in die absolut sichere Ankerbucht Lyggia fort. Eine größere Pelikan-Kolonie zeigte, dass dort die Natur noch in Ordnung ist. Nur 100 Meter über den angrenzenden südlichen Bergrücken und ein endlos weiter Sandstrand öffnet sich Richtung Igumenitsa. Einen Tag noch segelte er zur Inselgruppe Murtos und war mit seiner Vorprüfung des Bootes soweit zufrieden, dass er in Korfu zusätzlich seinen Freund Chris und drei weitere Freunde für einen Törn übernahm.

Als Hinnerk nach drei Wochen mit Eckhard zu seiner Moody zurückkam, war er erfreut über das sorgfältige und verantwortungsvolle Umgehen seines Sohnes mit dem Boot, das nun unversehrt und seeklar in Korfu lag. Im Logbuch fand er auch ein begeistertes Dankschreiben dieser Nachwuchssegler, die noch weitere Törns bis in den Süden von Paxos gemacht hatten und schriftlich bestätigten:

»Deine Moody Eclipse war stets eins der schönsten Yachten am Liegeplatz!«

*

Die letzte Reise im Jahr fand mit dem alten Freund Eckhard unter der Schirmherrschaft des Bacchus (Gott des Weines) statt. Der dritte Segel-Senior, Reimar, verproviantierte das Schiff in Preveza. Er wusste als Einheimischer, wo die Korbflaschen abgefüllt werden konnten. Nicht, dass man die Crew zu den Trinkern zählen müsste. Nein, das wäre falsch, denn man muss diese Neigung zu Rotwein rational begründen:

Erstens ist in Griechenland Trinkwasser rar und teuer, wie sie beim ersten Halt in Levkas feststellen mussten.

Zweitens ist Rotwein, den sie ausschließlich tranken, ein Lebensverlängerer wie die Franzosen statistisch bewiesen haben.

Drittens gab es laut Schiffsordnung Tabuzeiten für Alkohol.

Und viertens war die Jahreszeit so weit fortgeschritten, dass die Temperatur selbst mittags im Schatten geradezu ideal für den Rotwein war.

Die Herbstzeit zeigte sich nicht nur an den milderen Temperaturen, sondern auch an dem etwas blasseren Blau von Himmel und Meer, ganz im Gegenteil zu dem Azurblau des Ionischen Meeres im Sommer (»ionisch« kommt ursprünglich von der Farbe blau). Auch die Menge der Yachten in der wohl schönsten Passage Griechenlands, der Steon Meganision zwischen Levkas und Meganision, war stark verringert. Gemächlich trieb die Moody vom Blister getrieben an Scorpios vorbei südwärts, dann an Stb vorbei an den steil aufragenden Berghängen Levkas' und an Bb entlang der flachen, mit Bäumen bis zum Ufer bewachsenen Buchten Meganisions. Letztere sind oft gute Naturhäfen.

Südlich von Ithaka ließ der Maistro nach, sodass die im Seehandbuch als Ankerplatz ausgewiesene Bucht Andreon angelaufen wurde. Der Eingang der beeindruckend schönsten Bucht an Ithakas Küste ist gekennzeichnet durch eine kleine Kapelle. Einzelne gepflegte Kapellen finden sich oft an wichtigen Kaps und auf kleinen Inseln oder Klippen. Da Hinnerk diesen Abend wieder Pech beim Angeln hatte, war so mancher »Bodendecker« fällig. Er hatte ja seiner Christin aus Gesundheitsgründen die Selbstbeschränkung versprochen, sein Glas nur noch bodendeckend zu füllen.

In Zakynthos-Stadt wurde Hinnerks 65. Geburtstag gefeiert. Reimar fand zwar wieder das preiswerteste Griechenlokal für ein sattes Festessen in den Arkadengängen, aber den Rotwein gab es an Bord.

Beim zweiten Anlaufen von Killini zeigte sich dieser Hafen von der besseren Seite, da keine Baggerarbeiten stattfanden. Die Moody lag an der Außenmole. Als es zu heiß wurde, machten sich der Professör, wie Eckhard an Bord auch genannt wurde, und der Kommissär, wie Reimar als ehemaliger Hauptkommissar der Küstenwache an Bord gerufen wurde, in Badehose auf den Weg ins Kühle und schwammen gleich vom Molenkopf über die Bucht an den Badestrand.

Angekommen hüpfte Reimar im heißen Sand von einem Fuß auf den anderen und rief: »Lasst uns schnell zum Baumschatten dort in das Gartenlokal rennen«.

Als Eckhard das rettende Idyll sah, legte er sofort den neuen Kurs fest: »Hm, glutäugige Wirtin im reifen Alter, da sollten wir rasten, denn ohne Flüssigkeit schaffen wir es sowieso nicht zurück.«

»Recht hast du«, meinte Reimar, »aber ohne Geld – doch einen Versuch ist's wert, mon Professör.«

Es kam, wie es kommen musste. Mit nassen Badehosen ließen sich die Herren im Schatten nieder und mit dem spärlichen Neugriechisch vom Kommissär und mit dem gelehrten Altgriechisch vom Professör versuchten sie sich zu verständigen. Und die schöne Wirtin erlag bald dem Charme der beiden und servierte kühlen Roten auf Kredit, der in Dankbarkeit, aber auch im steten Fluss, wie auf der Moody gewöhnt, vernichtet wurde. Erst als die Haupthitze vorüber war, tauchten beide wieder an Bord auf und lösten Hinnerk beim Schlafen unter der Bimini ab.

Es war spät am Abend, als die vollständige Crew zum verabredeten Astakos- und Garides-Essen (Hummer- und Garnelen-Essen) in »Gala« angezogen bei der schönen Wirtin erschienen und einen unvergessenen Abend verbrachten. Unter »Gala« waren an diesem heißen Abend T-Shirt, kurze Hose und Sandalen gemeint.

Viel Aufregendes kann bei einem Seniorentörn mit gestandenen Seelords nicht berichtet werden. Als Beispiel für einen normalen Tag steht folgende Überfahrt vom schönen Fiskardo zum Port Atheni, einer Naturbucht im Osten von Meganision.

Bei leichtem NW kreuzte die Moody in langen Schlägen. Unter schattiger Bimini wurde bei offener Korbflasche ein zünftiger Skat auf dem Tisch im Cockpit gedroschen. Dabei waren der Segelstand, Kompass, Windanzeige und Windlupe ständig unter Kontrolle, sodass das Schiff immer optimal segelte. Zur Gemütlichkeit trug die Plattdeutsche Sprache bei. Hinnerk, der Kommandeur, sprach das Schleswig-Holsteinische (thüringisch unterlegte) Platt, der Kommissär aus Cuxhaven das Niedersächsische Platt und der Professör tönte oft beim Aufdecken des Skats auf Mecklenborger Platt: »Dor het wedder en Uhl op seten!«

Trotz dieses recht feuchten Spiels segelten sie auf dieser Fahrt zwei gleich große Mitsegler aus und das Kartenspielen ging bis in die Bucht hinein weiter. Tief in der Bucht legten sie den Buganker aus und befestigten eine Heckleine an einen Baum.

Da der Notstand drohte – der Rotwein ging aus – machten sich Reimar und Eckhard ins 30 Minuten entfernte Dorf Katomeri auf. Sie sollten bis zum Dunkelwerden zurück sein, da nach Hafenhandbuch das Dorf kein elektrisches Licht hat.

»Dor het wedder en Uhl op seten!«

Spät abends endlich waren an Land bekannte Laute aus dem Dunkel zu hören. Um die Korbflaschen zu retten, schwamm Hinnerk mit einer Leine an Land und befestigte daran erst mal die Flaschen und zog sie an Bord. In der zweiten Runde wurden die Opfer des Bacchus' an Bord begleitet, die sich gerade noch selbst verstauen konnten.

Beim Morgenkaffee um elf Uhr kam dann die Wahrheit heraus: Sie hätten den Wein erst erproben wollen und wären dort in der Taverne mit zwei alten Herren ins neu-/altgriechische Gespräch gekommen. Obwohl anfangs eine strikt antideutsche Stimmung festgestellt worden wäre, hätten gemeinsame Ouzoproben die Stimmung allmählich verbessert. Deutsche Besatzer hatten im letzten Weltkrieg dem Dorf böse mitgespielt. Aber die alten Einheimischen erkannten an, dass diese beiden Deutschen wohl einer neuen Generation angehören müssten. So sei es noch lange weitergegangen und man hätte sich im Finstern auch ziemlich verlaufen.

Hinnerk dachte: »Ziemlich übermütig mal wieder, die alten Herrn.«

Alte Sprichwörter haben was, wie als Beispiel: »Übermut tut selten gut.«
So am letzten Tag vor dem Rückflug, da wurde das Sprichwort wahr:

Die Yacht war bereits bei der Aktio-Marina aus dem Wasser genommen worden und der Serviceman reparierte das Panda-Aggregat. Er war mal wieder ein »Null-problemo-Mann«, dem Hinnerk gerade zeigte, wie der Spannriemen zum Generator gerichtet werden kann, als Eckhard mit Schwung barfuss die Niedergangsstreppe herunter und direkt auf den Generator gesaust kam. Es sah schlimm aus: Eckhards Fuß gab zwar nach – später erwies er sich als angebrochen – aber das Aggregat »steckte seine Füße durch«, d.h. seine Schwingmetallfüße brachen ab.

Ein alter Enterhaken wurde zu einer Krücke umgebaut und mit Hinnerk als Lastesel für zwei Seesäcke ging's ab zum Flieger. Braun gebrannt und in freudiger Stimmung über die gelungene Saison im Mittelmeer konnte Hinnerk die Stewardess überzeugen, dass der Gratiswein zum Bordessen für die Schmerzen in Eckhards Bein die beste Medizin sei und überhaupt…! Sie sorgte dann bis Hamburg für Nachschub des guten Rotweins.

Auf diese Weise blieben die quasi Entwöhnten bis zur letzten Stunde des Urlaubs unter Bacchus' Fittichen.

Sagte sich Hinnerk: »Tja, wenn was daneben geht, wer weiß wofür es gut ist.«

6. Die Chaoten-Crew in Rund Europa 2000

Mit dieser Reise sollte ein Jugendtraum Hinnerks – einmal segeln rund Europa, zumindest über die Meere – realisiert werden.

Um Land und Leute am Rand der Reise besser kennen zu lernen, sollten viele Häfen angelaufen werden. Für das An- und Ablegen waren möglichst viele Hände an Bord willkommen. Die meisten Mitseglerkandidaten hatten nur begrenzt Zeit. Daher wurde die Fahrt von Griechenland nach Hamburg und später nach St. Petersburg und Oslo in möglichst handliche Strecken aufgeteilt. Wegen der guten Erreichbarkeit mit Flug- oder Bahnreisen wurden Almerimar, Lagos, Kiruna, Guernsey und später Helsinki, Göteburg und Oslo als Auswechselstationen gewählt.

Für die erste Etappe – Beginn 1. Mai – waren weder Freunde noch Verwandte verfügbar, sodass weitläufigere Bekannte ausgewählt wurden:

Gustav Engel, ein Segler aus dem gemeinsamen Segelclub und mit eigenem Kielboot, war auf den ersten Eindruck ein so genannter Pfundskerl. Er war immer hilfsbereit und ein großer Ratgeber nach dem Motto: »Der liebe Gott weiß alles, Gustav weiß alles besser«. Er soll sogar früher schon Beisitzer im Prüfungsausschuss bei Segelprüfungen der Kategorie Seefahrt gewesen sein. Als Beamter in der Hafentätigkeit hatte er viel Zeit. Früher, als Hinnerk einmal selbst sein Hausdach reparierte, wollte Gustav helfen. Die braunen Dachpfannen sollten verschmiert werden. Aber spätestens nach der ersten Pfanne löste Hinnerk ihn ab: Gustav verschmierte mit weißem Schnellgips. Gips ist wasserlöslich und die Farbe weiß war auch inakzeptabel. Dieses Erlebnis lag ca. 15 Jahre zurück und hätte für Hinnerk eine Warnung sein sollen. Aber es war Not am Mann und Gustav, wenn auch etwas vorgealtert, war verfügbar.

Werner Rosen hatte von der geplanten Rundreise der Moody gehört und sprach Hinnerk, seinen ehemaligen Chef, darauf an:

»Da ich die Moody ja von der Himmelfahrtstour Catania-Korfu kenne, kannst du mich sofort für die Strecke Kiruna-Kanalinseln vorsehen, über die Biscaya wollte ich schon immer einmal segeln.«

»Wird gemacht, Werner, aber für die Überquerung des Mittelmeers könnte ich noch mehr gute Leute gebrauchen.«

Darauf sprang Werner sofort an:

»Da kann dir geholfen werden. Mein Jüngster hat letzte Woche das Abi geschmissen und hängt nun rum. Du weißt doch, zu Hause habe ich gewisse Schwierigkeiten mit dem Jörg, nur bei mir an Bord ist er zufrieden und handzahm. Er hat auch als Regattamann mit Utz Petersen und dessen Boot als Vorschoter schon viele Elberegatten gewonnen. Übrigens, Utz ist im Vorruhestand und frei, den kann ich auch fragen.«

Obwohl Hinnerk schon von Schwierigkeiten mit Jörg gehört hatte, so wusste er doch, welch heilsame Wirkung das Segeln und das Bordleben auf das soziale Verhalten von jungen Leuten hat. Also wäre vielleicht Werner, Jörg und ihm selbst geholfen. Auch wäre von Utz Petersen ein guter Einfluss zu erwarten. Jedenfalls wäre sein Personalproblem gelöst.

»Also abgemacht, Werner, ich höre dann von dir wegen Utz Petersen.«

Utz hatte, wie sich später herausstellte, gerade eine heftige späte Liebesaffäre mit einer jungen Mitseglerin und daher Zoff mit seiner Frau – ihm waren drei Wochen Abstand schon recht. Hinnerk hatte diesmal eine Crew wie im Raritätenkabinett – wobei er sich als Querdenker und Individualist mit einschloss.

Im Herbst hatte Hinnerk bei der Aktio-Marina in Preveza den Winterservice des Perkinsonmotors in Auftrag gegeben. Aus Erfahrung war im Januar der Auftrag per Fax wiederholt worden. Wieder kam die Bestätigung der Marina mit »Null problemo«-Aussage.

Es hätte aber nicht schlechter kommen können. Als die Mannschaft Ende April in Aktio eintraf, sah es so aus:

Es hatte keine Wartung gegeben, und da der Brennstoff nicht abgesperrt worden war und die Entlüftungsschraube leckte, waren etwa 30 Liter Dieselöl unter den Motor gelaufen. Der Pandamotor war nicht repariert worden. Die neuen Schwingmetalle musste Hinnerk selbst besorgen. Alles wurde von der motivierten Mannschaft an einem Tag geschafft, einschließlich eines Unterwasseranstrichs.

Ein erstes Mannschafts-Problem gab es bereits beim Kochen des Mittagessens. Ein schnelles Essen mit Spaghetti und Soße Bolognaise wurde von Jörg vehement abgelehnt. Da er bekennender Vegetarier sei, verlange er eine Tomatensoße ohne Fleisch – das war für alle die erste Überraschung.

Bereits am zweiten Mai lag die Moody zum Verproviantieren am Kai von Preveza. Abends waren alle von Magda und Reimar zum Abschiedsessen in ihrem Hause eingeladen und das kam so:

Eigentlich war seit dem Herbst ausgemacht, dass Reimar die Überfahrt bis Almeria mitmachen sollte. Leider hatte er seine Magda unterschätzt, die sich durchsetzte. Er sagte schließlich ab, um seine erwarteten Enkel zu Hause zu betreuen. Magda servierte als Ausgleich ein deutsches Essen. Es gab eine riesige gebratene Gans, Rotkraut und Kartoffeln – eine wahrhaft gelungene Tat.

Als Reimar die Gans zerteilte, gelang es Jörg, die Mannschaft zum zweiten Mal zu überraschen: Im Voraus erhob er den Anspruch auf die größte Keule.

»Also, Gänsebraten – das ist kein Fleisch!«, gab er dabei von sich und haute rein wie ein Scheunendrescher.

»Segler sind Individualisten und gute Segler sind große Individualisten«, so dachte Hinnerk, als am nächsten Morgen auch Gustav ausscherte und den üblichen, schnell bereiteten Express-Kaffee ablehnte.

»Gut, wir müssen sowieso noch in die Stadt Preveza, um den fehlenden großen Seitenschneider zu besorgen. Da wird auch für Gustav die zweite Thermoskanne und ein Filtereinsatz besorgt«, entschied Hinnerk. Der Seitenschneider war für das Abscheren der zehn Millimeter starken Wanten und Stagen gedacht, um sich notfalls vom havarierten Mast befreien zu können. Sie fanden alles in dem »kleinsten Baumarkt der Welt« in Preveza. Es passten nur zwei Leute zusätzlich zu dem Höker in den circa sechs Quadratmeter kleinen Raum, der aber Gestelle bis unter die Decke hatte. Von seinem Stuhl aus – mitten im Durcheinander – zauberte er die gewünschten Dinge herbei.

Reimar, der deutsch-griechische Segelfreund, hatte immer noch Gewissensbisse, dass er seine Zusage zum Mitsegeln nicht eingehalten hatte. So kümmerte er sich mit seinem Wagen um alles – vom Großeinkauf des

Proviants im Supermarkt bis zum Auffüllen der Korbflaschen mit offenem Rotwein.

Am Mittag konnten sie schon im Hafen die Segel setzen und voll ausgerüstet die Fahrt Richtung Syrakus aufnehmen. Es wurde eine Vierstunden-Wache gegangen, jeweils Hinnerk mit Jörg und Gustav mit Utz, wobei Hinnerk und Gustav wegen ihres Alters die Wachführer waren. Als Gustav morgens seinen Kaffee verlangte – er gab dazu natürlich seine Ratschläge – kam, was kommen musste. Utz versuchte den Kaffee in der schlanken Thermoskanne zu filtern und die nächste Welle kippte den Filter mit dem Kaffeesatz auf den Boden. Da – und in Zukunft noch öfter – kam Freude auf.

Mitten im Ionischen Meer landeten etwa zwanzig völlig erschöpfte Schwalben auf dem Schiff und verkrochen sich überall ins Innere. Sie waren auf dem Rückflug nach Norden. Aber mehr als die Hälfte verstarb an Bord, ohne wieder fliegen zu können. Bis fast in den Hafen von Syrakus stand der günstige SO durch.

Im Piccolo-Hafen von Syrakus waren selbst abends um 20 Uhr noch genügend Liegeplätze vorhanden. Mit Syrakus betrat die Crew mal wieder geschichtlichen Boden. Die Altstadt liegt auf einer Insel. Kein Wunder, dass sich die Griechen in dieser Stadt bis 212 v. Chr. gegen die Römer behaupten konnten. Bei der Eroberung wurde der größte Wissenschaftler seiner Zeit, Archimedes, von einem römischen Krieger erstochen, als er seine geometrischen Probleme in den Sand zeichnete und seine überlieferten Worte sagte:

»Störet meine Kreise nicht!«

Eigentlich wollten die vier Bordkameraden abends nur eine zünftige Taverne finden. Es war noch Vorsaison und daher in Hafennähe alles zu, jedoch zur Altstadt eine Weile zu laufen. Da erwies es sich, dass Gustav absolut schlecht zu Fuß war und vorzeitig zum Boot zurückdrängte. Eigentlich war es das einzige Mal, dass Gustav zu Fuß mit an Land war. Er war ein so genannter Bordkuckuck, der nur den Kopf aus der Luke heraussteckte, wenn die Mannschaft an Land ging. Es ist traurig zu sagen, aber dadurch war er eine ideale Anker- und Bordwache.

An Land gab es für diesen Hafen nur eine Dusche. Mühsam übersetzte

Hinnerk mit Hilfe der Erinnerung an das Kleine Latinum die Türaufschrift:

»Kurze Zeit duschen –Trinkwasser!« Das ging jedoch an Jörg völlig vorbei, der ausrief:

»Endlich mal duschen und Haare waschen!« Und mit seinen diversen Gels bewaffnet, verschwand er und war über eine Stunde, trotz des Drängens der anderen, nicht aus der Dusche zu locken. Er hatte ja eine wunderbare, blondgelockte Haarpracht von gut einem halben Meter Länge, die gepflegt sein wollte.

Es dauerte länger als erwartet, bis diese chaotische Mannschaft sich einigermaßen eingespielt hatte. Der Skipper ging etwas auf das »koschere Essen« von Jörg im Kochen ein und nur ausnahmsweise kochte Jörg sein Gemüse selbst.

In der Planung und auch von den vorgesehenen Seekarten her war die Route diesmal über Malta mit ggf. einem Abstecher nach Tunis gedacht. Von der deutschen Yacht »Calypso«, die gerade von Malta gekommen war, wurde jedoch so viel Negatives berichtet, dass unter Berücksichtigung der Wettervorhersage (südliche Winde) die Nordroute um Sizilien gewählt wurde. Man erzählte, dass die »Calypso« mehrfach durchsucht und drei Tage festgehalten worden wäre. Drogen- und Menschenschmuggel seien dort ein großes Problem.

Beide Schiffe wollten gemeinsam segeln. Der »Calypso« wurde ein Vorlauf gegeben, da sie kleiner war. Der versprochene Südwind brachte die Boote schnell in die Straße von Messina. Zehn Meilen vor Porto Reggio waren die fünf Bft längst überschritten und Gustav als vorsichtiger Wachführer hatte, vor dem Wind liegend, das Groß schon ganz wegdrehen lassen und die Genua verkleinert, als infolge des Düseneffekts der Enge bei Messina der Wind schnell Sturmstärke erreichte. Irgendwie näherte sich die Moody auch wieder dem Gott der Stürme, dem Äolos, der bestimmt wieder seinen Windsack aufgemacht hatte – was dem Hinnerk ja nicht neu war. Die »Calypso« sprang neben der Moody noch heftiger auf den Wellen und drehte nach Stb mehr auf das bergige Festland zu. Dort nach Luv sind die Wellen wegen der längeren Anlaufstrecke und der Brechung an den Felsen besonders tückisch, obwohl dort einige kleine Häfen sind. Hinnerk wusste vom letzten Sturm, dass in Lee von Sizilien die Wellen trotz des Sturms (inzwischen Böen über 50 Knoten, was Sturmstärke 10 Bft bedeutet), aber infolge des Einflusses des Flachwasserschelfs sowie der Landabdeckung, stark gedämpft sein würden. Der Wind würde auch mit der Entfernung von der Straße von Messina und deren Düsenwirkung abnehmen. Das Boot lief unter Motor und die Fock war geborgen. Also gab der Skipper den Befehl, quer zum Wind nach Bb abzudrehen. Doch da war der Riese Gustav am Ruder dagegen. Es dauerte dann über fünf Minuten, bis sich der Skipper gegen Gustav durchsetzten konnte – eine unmögliche Situation.

Es war doch eine gute Schule – das Segelleben in Rostock – das einem einge-bläut hatte: Nur einer, nämlich der Bootsführer, hat die Verantwortung und das Sagen. Bald zeigte sich, dass Hinnerks Entscheidung richtig gewesen war. Beim Kurs auf Milazzo wurde die See kürzer und der Wind etwas geringer.

Aber der Sturm hatte sein Tribut gefordert. Die Genua war stark be-schädigt geborgen worden, während die Leinen (u. a. die Luvschot) vorn außen im Wasser hingen und eine Gefahr für die Schraube darstellten. Alle saßen sicher mit Schwimmwesten in der Plicht. An der Seereling entlang hangelte sich Hinnerk unter Protest der anderen nach vorn und holte die Leinen nach achtern, um die volle Manövrierbarkeit des Schiffes wieder herzustellen. Er hatte die Gefahr großer Wellen ausgeschlossen, erntete aber das Missfallen der übrigen Crew, die das als unverantwortlich ansahen.

»Warum eigentlich«, fragte sich Hinnerk, »waren sie solche Sturmsitu-ationen nicht gewöhnt? Aber sie kamen aus demselben Club, daher ihre Solidarität, und sie kannten sich untereinander, aber den Hinnerk nicht, und die moderne Reffeinrichtung kannten sie auch nicht. Sie war auch nicht so einfach zu bedienen, wenn man das Segel richtig und ohne Falten und ohne es zu vertrimmen einrollen sollte; aber als gestandene Segler gibt man sich auch keine Blöße und fragt womöglich.

Daher reffte immer Hinnerk.

»Oder war es so«, sinnierte Hinnerk weiter, »dass sie über den vom Skip-per erzwungenen Kurswechsel verärgert gewesen waren, und noch mehr, als er sich nun als richtig herausstellte? Schließlich war es möglich, dass sie einfach Angst gehabt hatten!«

Wie sehr Gustav, der immer noch seine Ruderwache ging, diesen Sturm gefürchtet haben muss, ging aus dem Bericht von Christin hervor, die einen Telefonanruf von Gustavs Frau erhalten hatte, indem sie jammernd und wehklagend über die fürchterliche Sturmsituation der Moody erzählt hatte.

Nun, Hinnerk blieb ruhig dabei und war optimistisch für den Rest dieser Reise, da er das Revier mit den Inseln und Häfen von früher kannte. Daher legte er die Moody im Hafen von Melizza sofort an die große Westpier unter die Kräne. Er kalkulierte richtig, dass so früh im Jahr der Fährverkehr zu den Äolischen Inseln noch nicht voll angelaufen wäre und sie dort Platz hätten.

Wieder hatte sich die Moody in einem weltgeschichtlich wichtigen Revier bewegt, denn hier vor Melizza erreichte die römische Flotte im Ersten Punischen Krieg einen totalen Sieg über die Kartager. Zum anderen konnte vor 1.000 Jahren die muslimische Festung Melizza von den Normannen besiegt und damit Sizilien wieder christlich werden. Für die daran Interessierten der Moody-Crew – und das war allein Hinnerk – war der Besuch dieser mit 17 Hektar enorm großen Festung ein Ereignis, obwohl nur Reste der griechisch, muslimisch, karolinisch, französisch und englisch beeinflussten Kastellteile übrig geblieben waren. Utz und Jörg verschwanden im Basar und Gustav machte den Kuckuck.

Die Weiterfahrt nach der Insel Vulcano erfolgte nicht mit der Genua, sondern notgedrungen mit dem Blister. Dazu sollte zum ersten Mal der Bergeschlauch verwendet werden. Der Skipper wollte das Selbstbewusstsein der beiden Regattafreaks stärken und gab den beiden den noch nicht installierten Bergeschlauch mit den Worten:

»Das beste Wetter heute – achterliche 3 Bft – dabei solltet ihr beiden den Blister im Schlauch in aller Ruhe setzen können.«

Der »Isern Hinnerk« steuerte das Boot bei fast platter See langsam aber sicher auf den hoch aufragenden Vulkankegel zu. Die beiden Experten diskutierten eine halbe Stunde hin und her und dann ging endlich das Segel hoch, nur nicht ganz, denn der Schlauch blieb auf halber Höhe stecken, von schimpfendem Kommentar begleitet. Um die beiden nicht noch mehr zu reizen, schloss Hinnerk das Kapitel diplomatisch:

»Wird wohl ein Konstruktionsfehler sein. Wir müssen sowieso in einer knappen Stunde gleich vor der Insel Lipari über Stag, um zur Bucht Ponente zu kommen, dann müsste der Blister sowieso runter, also abbauen!«

»Wird wohl ein Konstruktionsfehler sein…«

Bald lagen sie in der Bucht neben drei anderen Booten vor Anker. Jetzt wurde die stark mitgenommene Genua inspiziert. Gustav zeigte sich von seiner besten Seite und nähte erst einmal zwei Lagen zusammen. Anschließend war Hinnerk dran und vernähte die restlichen offenen Nähte.

Zum nächsten großen Crash mit Gustav kam es nachts vor der Insel Ustica. In einem Gewitter frischte es schnell auf 7 Bft auf mit zusätzlichen Böen. Gustav war am Steuer. Um besser das Groß reffen zu können, sollte er mit Motorunterstützung das Schiff hoch am Wind halten. Hinnerk war beim Reffen, als Gustav mehrfach halsend vor dem Wind segelte, was bei dem böigen und stürmischen Wind heftige Auswirkungen auf das ganze Segelgeschirr hatte. Es zeigte sich, dass Gustav in stockfinsterer Nacht wohl überfordert war, sodass der Skipper ihn während des Gewitters am Steuerrad ablöste.

Um den Schaden zu besehen, wurde am Morgen die Insel Ustica angelaufen, obwohl Schwell in den Hafen stand. An Deck lagen überall zerbrochene Kunststoffrollen herum. Sie stammten vom Großschott-Traveller und vom Reff-Traveller am Baum. Diese von Kugellager geführten Wagen sind nicht leicht zu bekommen und wurden daher von Hinnerk für den Notgebrauch mit Gleitrutschen aus Tampen versehen – was sehr gut funktionierte. Gustav war nun eingeschnappt und die beiden Regattafreaks schlossen sich ihm an.

Zum einen kam dieses Verhalten daher, dass alle bisher das moderne »inmast reefing-system« nicht kannten. Die Anleitung dazu hatte Hinnerk ins Deutsche übersetzt. Es war trotzdem sehr kompliziert. Wenn man dabei etwas vergaß, z. B. die Dirk etwas anzuziehen vor dem Einrollen des Großsegels, so kann man das Segel völlig verziehen, d.h. der Segelstand ist hin. Daher bat Hinnerk, dass man ihn bei plötzlichen nächtlichen Reffen wecken solle.

Andererseits mochte auch ihr Versagen beim Bergeschlauch die Regattafreunde verstimmt haben. Auf alle Fälle war es schon mal passiert, dass Hinnerk in ihre regattamäßige Segelpraxis eingriff. Es ist verständlich, wenn man im Wettkampf das Material bis an die Zerreißgrenze beansprucht. Die Moody hatte zweigängige Winschen. Jörg wollte nun zeigen, wie viel Kraft er auf diese Winschen geben konnte, selbst wenn die Segel schon wie die Bretter standen. Hinnerk wollte aber mit unversehrten Teilen über den Atlantik nach Hause kommen und mischte sich in diesem Sinne ein. Bei Jörg lagen die Nerven immer sofort blank und Utz wollte es sich nicht mit dem Vorschoter seines Schiffes verderben.

So war es auf der Moody bald ähnlich wie bei der Meuterei auf der Bounty, nur dass der Skipper nun allein da stand. Wer auf Krawall aus ist, dem genügt offenbar der geringste Anlass. Das Wetter war mies, es war diesig mit hohem Seegang und wenig Wind. Halb motorte, halb segelte das Boot auf Sardinien zu. Als Mittagessen machte Hinnerk Bratkartoffeln mit Schinkenspeck. Jörg aß nicht mit. Ein Teil blieb übrig. Er hatte schon früher erklärt, dass er nicht einmal Speck essen würde – in jedem Essen schmecke ein Vegetarier den Speckgeschmack heraus.

Eine Stunde später begann Hinnerk den Rest aufzuessen, als eine furiose Schimpfkanonade über ihn aus dem Bootsinnern ertönte. Jörg brüllte wie am Spieß, man würde ihn hungern lassen, es sei unkameradschaftlich und für den Skipper würde er nie wieder etwas kochen.

Waren es nicht die 1968er-Leute, die später ihren Kindern den Antiautoritätsglauben predigten, damit sich deren Persönlichkeit entfalten könne. Eine Persönlichkeit, die wenig kennt von Einordnen, Teamgeist und Toleranz, sondern eher vom Motto: »Macht kaputt, was euch kaputtmacht!« Nun ist Jörg mit solchen Altersgenossen aufgewachsen und Hinnerk hatte in der Behandlung solcher Anfälle gar keine Erfahrung, also erstmal sofort an Land. Umgehend nahm er Kurs auf die nahe Marina Villasimius, die bestimmt inzwischen mit Leben erfüllt und voller Tavernen und Restaurants sein würde. Um noch vor Feierabend anzukommen, damit dort jeder nach seiner Fasson glücklich werden könne, wurde der Motor auf Höchstfahrt gebracht. Tatsächlich waren sie um 18 Uhr dort auf Sardinien fest.

Doch welche Ernüchterung: War im Hafen zur gleichen Zeit des Vorjahres kein Betrieb, so war nun überall Verfall, Scheiben eingeschlagen, nicht einmal mehr Toiletten waren vorhanden – der Hafen war tot. Dieser plötzliche Szenenwechsel, das Streifen durch einen verfallenen Geisterhafen und die einsame wilde Landschaft baute die Spannung in der Mannschaft merklich ab. Selbst Jörg wurde mit einem Rohkostsalat von Hinnerk vorerst ruhig gestellt.

Für die Route nach Spanien ließ der Skipper per Abstimmung entscheiden: Über Mallorca oder direkt? Die Mehrheit wählte die etwas längere, aber interessantere Route über die Balearen. Im Hinblick auf das Endziel dieser Reise lag man gut im Zeitplan und in Erwartung auf ein paar schöne Ferientage auf Mallorca sollte die Stimmung an Bord besser werden.

Drei Seetage genügten aber, die Spannungen wieder aufzubauen. Bei jeder Gelegenheit kamen von Gustav abfällige Bemerkungen über das Schiff: wie »Seelenverkäufer« – »alles defekt«, wenn beispielsweise Leckwasser durch die Stopfbuchse eindrang (ein Wartungsproblem) oder der Stoppknopf am Diesel-Paneel nicht leuchtete (ein Ersatzknopf lag bereits in Almeria), oder er schimpfte, wenn sein Filterkaffee verunglückte oder die Genua infolge der letzten Stürme noch reparaturbedürftig oder der Bergeschlauch nicht brauchbar war etc.

Utz war noch der Verträglichste von allen und ohne Aufforderung machte er immer einige notwendige Arbeiten. Als Hinnerk die Stopfbuchse nachziehen wollte, erledigte Utz das sofort gewissenhaft.

Vor Einlaufen in die Megamarina Cala de Or, vor der Südküste Mallorcas, beschloss Utz den Plichtbereich mit Seewasser zu reinigen und übersah dabei die offene Plichtluke zu Gustavs Achterkajüte. Ein Eimer voll kühlem Nass ergoss sich dabei über Gustav und seinen Schlafsack und zerstörte trotz vielmaliger Entschuldigungen die Allianz zwischen ihm und Gustav, die ja allein dadurch gegeben war, dass sie einem gemeinsamen Club angehörten. Auf der Insel verbrachten Utz und Jörg ihre Zeit in der nahen Badebucht; Gustav machte den Bootskuckuck und Hinnerk einige Wanderungen. Selbst ein warmes Brathähnchen – von Hinnerk von Aldi mitgebracht – wurde von Gustav still gemampft, und dann wurde weiter gemuffelt.

Auf dem Weg nach Formentera stellte Utz fest, dass sein Wachführer einen anderen Kurs fuhr, als Hinnerk vorgegeben hatte. Gustav fuhr hoch am Wind und hätte doch nach Formentera abfallen können. Zur Rede gestellt, meinte Gustav, dass der Kurs doch immer an Mallorcas Westküste entlang führen müsse. Als Utz daraufhin Hinnerk aus dem Nachtschlaf dazuholte, wurde der Fall geklärt. Im anschließenden vertraulichen Gespräch zwischen Utz und Hinnerk kam heraus, dass Gustav niemals einen Wegpunkt gesetzt oder kontrolliert hatte. Er segelte nach von Hinnerk vorausberechneten Werten. Das war eine späte Einsicht, dass man Leute ab einem gewissen Alter nicht nach früherem Können einschätzen darf. So sagte sich Hinnerk: »Erfahrung schadet im Alter nur, wenn sie neue Erkenntnisse verhindert.«

Die nördlich von Formentera gelegene Insel Espalmadura ist durch die tiefe Rinne Freu Grande von Ibiza getrennt. Durch sie kam die Moody, um dann von Westen segelnd die beliebte Badebucht im Süden der Insel zu erreichen. So früh im Jahr war sie erst die dritte Yacht, die dort auf vier Meter Tiefe vor Anker ging. Der Strand und das wilde Hinterland waren so verlockend schön und romantisch, dass selbst Hinnerk seine »Hummeln im Hintern« vergaß und zwei Tage Ankern zusagte. Gustav machte freiwillig die Ankerwache. Es war Zeit, sich des Blisterproblems anzunehmen, zur Chefsache zu erklären und genau zu durchdenken. Nach 20 Minuten war das Problem gelöst. Jetzt konnte ein Mann den Blister setzen und bergen, wenn ein zweiter Mann die Schoten betätigte.

»Problem erkannt, Problem gebannt«, schloss Hinnerk eine nachfolgende Lehrunterweisung, »einem Ingenieur ist nichts zu schwer!«

Mit gutem Ostwind und unter Blister lief es bis Alicante ganz gut mit den vier Chaoten an Bord. Dort ergaben sich zwei Tage Zwangspause, weil der Segelmacher so viel an den Segeln zu reparieren hatte. Sie hätten jetzt in Ruhe das Treiben und die Kultur der Großstadt Alicante genießen können.

Leider kam es aber zwischen Utz und Gustav zum großen Krach. Es war nicht sein benutztes Toilettenpapier, das er nicht, wie es sich gehört, mit abpumpte, sondern, wie auf eigenem Boot gewohnt, aus der Luke über Bord warf und hin und wieder auf dem Toilettentisch liegen ließ, nein, diesmal war seine Neugierde Schuld.

Utz hatte stets Probleme, ohne Zuhörer mit seiner jungen Liebe per Handy zu telefonieren. Nun in Alicante vor dem Sanitärhaus am Ende der Stege war jederzeit Gelegenheit und Utz nutzte sie intensiv. Das bekam Gustav wohl mit, als er vom Duschen kam. Anstatt zu verschwinden, ging er einmal um das Häuschen herum und stellte sich hinter die Ecke, vor der Utz auf der Bank saß und telefonierte. Einen Tag ging das gut. Am zweiten erwischte der liebeskranke Utz den heimlichen Lauscher und der Krach war wieder da. Sie sprachen nun nicht mehr miteinander.

Letzte Anlaufstation sollte der Fischereihafen Garrucha sein. Schon tagsüber unter der Küste begegneten sie viele fischende Trawler und Kutter. Kurz vorm Einlaufen – die Moody war schon von Segel- auf reinen Motorantrieb übergegangen – braust en von allen Seiten Fischereifahrzeuge auf ihren Heimathafen zu. Hinnerk musste seinem Motor volle Leistung abverlangen, um vorher an der Moleneinfahrt zu sein. Die Yachtstege lagen im hinteren Hafen an der Landseite, während der Fischereihafen separat lag.

Nun waren die Zwischenräume der Stege etwas eng, trotzdem wäre das Einlaufen in die schmale Box noch gut gegangen, wenn nicht im letzten Moment die Bugwellen der mit voller Fahrt in den Fischereihafen gebrausten Fischkutter die Moody erreichten und gegen das nächste Boot drückten. Auch das wäre zu verhindern gewesen, wenn nicht Gustav an dieser Seite gestanden und nur zugeschaut, statt abgehalten hätte. Die übrigen drei konnten nur ihre Köpfe schütteln über diese Sabotage. Der Engländer der betroffenen Yacht war verwundert über den Zusammenprall aus seiner Kabine gekommen, wurde von Hinnerk informiert und mit 10 DM in Peseten für den Kauf von Farbe zufrieden gestellt.

Garrucha hatte natürlich die besten Fischrestaurants. Zum Skipper-Essen eingeladen wurden nach dem letzten Gustavstreich nur Utz und Jörg. Daher kam vieles an diesem Abend zur Sprache. Überrascht war Hinnerk allerdings, als herauskam, dass Gustav nach den beiden Stürmen die beiden anderen ernstlich zu einer Meuterei aufgehetzt hatte und dass sie mit ihm aussteigen sollten. Diese Verschwörung hatte Utz kategorisch abgelehnt und damit auch sein Vorschoter Jörg. Hinnerk griente: »Das wäre bestimmt eine interessante Lösung gewesen – das Boot ist ideal zum Einhandsegeln.«

Auf der abschließenden Etappe nach Almeria gab es für den Skipper eine letzte Herausforderung. Obwohl am Vorabend ein Teilfrieden zustande gekommen war, fiel Jörg nochmals aus der Reihe. Es war ruhiges, sonniges Wetter mit mäßigem Wind, der etwas vorlicher als querab stand und einen guten Amwindkurs zuließ. Da erinnerte sich Jörg an seine viele Schmutzwäsche und beschloss einen Waschtag einzulegen. Obwohl ein Hafentag dazu besser geeignet wäre, fing er gleich damit an. Hinnerk wollte den

Bordfrieden nicht weiter gefährden und sagte nichts. Als Jörg jedoch bei zunehmendem Wind die Wäsche zum Trocknen aufhängen wollte und Gustav ihn auch nicht bremste, konnte Hinnerk zumindest eine Warnung nicht zurückhalten:

»Du weißt, dass das unseemännisch ist und das Zeug von Wäscheklammern nicht gehalten wird. Was auch passiert, segeln geht vor, und heute Abend wollen wir in Almeria sein.« Jörg schaute an Hinnerk vorbei und kniff die Augen zusammen.

»Schiet«, dachte Hinnerk, »du warst wieder zu autoritär«, und richtig, die Pause hatte Jörg benutzt, um seinen Willen mit einem Trick durchzusetzen.

»Mir fliegt nichts weg und eine Verzögerung wird es nicht geben!« Damit verschwand er, kam mit einem Wollknäuel zurück und begann auf dem Vorschiff an der Seereling seine Wäschestücke einzeln mit Wolle zu umwickeln und mehrfach zu verknoten. Das dauerte natürlich, während der Wind stärker wurde und weiter vorlicher kam, sodass unfreundlich steiler Seegang das Schiff allmählich stampfen ließ.

Eine knappe Stunde später machte sich Jörg mit finsterer Miene nach vorn und musste unter der Dusche der Bugwellen-Gischt, die über das Vordeck spritzte, seine Wäschestücke mühsam abbauen. Als Utz aus seiner Kabine nach oben an Deck kam, war er verwundert:

»Was ist denn mit Jörg da vorn los?«

Da konnte Gustav nur lachend antworten: »Der spült gerade seine Wäsche, ha, ha…«

Die Natur hatte einem jungen Segler mal wieder die Lehre erteilt, dass man nicht immer mit dem Kopf durch die Wand gehen kann.

Die weitere Fahrt war kräftig vom Windbeherrscher Äolos unterstützt worden und mit im Mittel acht Knoten Fahrt wurde Almeria noch am selben Abend angelaufen. So waren noch drei Tage Reserve bis zur Ablösung der Besatzung vorhanden. Mit Gustav gab es schließlich doch noch eine Versöhnung. Er war darüber auch sehr erleichtert, vor allem, dass die Regattafreaks sich seiner beim Rückflug annehmen wollten. Das Umsteigen in Madrid allein war Gustav suspekt. Er könne doch kein Englisch, meinte er.

Vormittags wurde einiges für das Boot getan. Utz, ein alter Kunststoffspezialist, ließ es sich nicht nehmen, vom Schlauchboot aus zwei Rammstellen der Gummiremmleiste zu reparieren. Sie wurden durch Vulkanisieren wieder wie neu. Gustav wollte, was er zu Hause immer machte: Deck waschen mit Süßwasser. Das würde wegen der Trinkwasserknappheit vom Hafenmeister bestimmt nicht toleriert, sodass Hinnerk ablehnte:

»Sieh, Gustav, richtig sauber wird das Außenschiff nur durch Abspritzen unter Hochdruck-Wasser und das haben wir beim nächsten Sturm garantiert.«

Und dann fiel ihm – immer um Ausgleich bemüht – noch ein, als er in die Pantry zum Kochen ging:

»Als Ersatz darfst du als gelernter Klempner den Duschmischer in der Eignerkabine reparieren. Die Dusche lässt sich nicht anstellen. Aber denke daran, dass es ein englisches Fabrikat ist und die Engländer machen sowieso alles anders. Also, ›aufdrehen‹, was mit Pfeil und als ›on‹ gekennzeichnet ist, geht rechts herum; ›off‹ heißt zudrehen und der Pfeil zeigt linksrum!«

Gustav ließ sich Werkzeug geben und drückte sich mit seiner massigen Gestalt durch die schmale Tür zur Dusche. Das Essen roch schon kräftig nach Knoblauch, als er wieder auftauchte und herumdruckste:

»Also, weißt du, Hinnerk, der Mischer war schon völlig ausgeleiert, und als ich ihn schließlich aus der Verklemmung raus hatte, ging er nicht an.«

»Du hast ihn doch hoffentlich nicht nach links gedreht?« Hinnerk ahnte Schlimmes. Da platzte Gustav mit voller Überzeugung heraus:

»Aber ja, ist doch klar – in der ganzen Welt geht jeder Hahn links herum auf!« Das war's dann und würde dem Skipper in Zukunft einige 100 DM kosten. Aber zum Essen gab es trotzdem Rotwein.

Almeria liegt an der Costa Tropica und dieser Name verpflichtet. Nachmittags war das Leben für die Mannschaft nur am Strand und im Wasser gleich hinter der Marina zu ertragen, ausgenommen für Gustav, der den Kuckuck machte.

An einem Abend gab es eine Parade im Zentrum Almerias zu sehen, die vom Bahnhof bis zum Hafen die lange Allee hinunterführte. Das Paradieren und Stolzieren der typisch spanischen Soldateska vor den ordensbehangenen Offizieren hatten gewiss etwas Theaterhaftes an sich. Das schien noch aus Frankos Zeit zu stammen. Amüsant wirkte das streckenweise Laufen einer Kampfbrigade mit vorgehaltenen Maschinenpistolen. Es fehlten nur noch die arabischen Freudenschüsse mit Gewehren, um sich wie im Orient zu fühlen.

Alle wollten noch einen spanischen Stierkampf sehen. So nahm die Crew kurzerhand ein Taxi. Das fuhr erst einmal in das falsche Stadion. Dann ging es quer durch die Stadt zu einem Vorort, dem Ort des Geschehens. Aber die Massen begannen sich bereits wieder aus der Arena heraus zu einem allgemeinen Straßenfest zu begeben. Auf die Frage nach den Stieren, verwies man die vier Stierkampffans zu einer Halle, wo drei geschlachtete Stiere hingen, die gerade zum Verkauf zerlegt werden sollten. Das war voll in die Hose gegangen.

»Musste so kommen«, dachte Hinnerk, »war ja auch Gustav dabei!« So endete der letzte Abend mit der Chaoten-Crew noch einmal ganz typisch.

7. Von Almeria nach Jersey in Rund Europa 2000

Zur nächsten Etappe Richtung Heimat erschienen Moody-erfahrene Leute wie Dieter und Anne Karsten und Wolf Haller. Die Personalprobleme waren nun vorbei.

Es würden jetzt auch schwierigere Segelabschnitte anstehen, da mit dem Atlantik zusätzliche Erschwernisse wie Gezeiten, Strömungen, Atlantikdünung, stärkerer und häufigerer Wind und streckenweise mehr Schiffsverkehr und mehr Fischerei verbunden sind. Die erste Hürde war mit der Straße von Gibraltar zu nehmen. Am besten trifft man es, wenn ein steifer Levanter weht.

Da der Wind aber von West kam, mussten einige Tage in Gibraltar (Gib) gewartet werden; Zeit also für notwendige Öl- und Ölfilterwechsel. Der Filter saß fest. Deshalb kaufte Hinnerk eine Abziehvorrichtung vom Schiffsversorger. In Gib gibt es alles, was ein Yachtie braucht. Andererseits hat Gib auch seinen Besichtigungswert: Affenfelsen, Eiszeithöhlen mit »Steinzeitmenschen«, alte Festungsanlagen, südlichster Punkt mit großer Moschee und nicht zu vergessen, typisch englische Pubs mit Ale und »Fish & Chips« – das und mehr wurde alles »mitgenommen«.

Pünktlich nach drei Tagen kam der Levanter mit steigender Tendenz. Navtex-Vorhersage: »Str. von Gib O 8 – 9 Bft.« Das war der richtige Wind. Nun wurde der Zeitpunkt der Abfahrt auf drei Stunden vor dem Hochwasser in Gib – wie empfohlen – gewählt und eine »Sicherheitsbesegelung« vorgenommen. Das bedeutete das Beschränken auf Vorsegel, und zwar die gereffte Genua und dahinter die Sturmfock, die sich kaum überlappten, da die Fock auch durch ihren anderen Schnitt unterhalb der gerefften Genua saß. Alles war optimal. Das Boot lief in der Strömungszone mittags unter Land bei schönem Sonnenschein mit rauschender Fahrt. Der mitlaufende Strom ließ keine steilen Seen aufkommen. Hinter Kap Tarifa stieg mit dem Wind (9 Bft) auch der Seegang, und es wurde allein unter Sturmfock eine schnelle Fahrt. Zielhafen der Tagestour war Barbate. Das flachere Wasser in der Hafenannäherung verursachte heftige Grundseen. Außerdem lagen

Thunfischnetze an Booten verankert in weitem Bogen um Barbate. Vor allem die nördliche Einfahrt war nicht erkennbar hinter den Netzen, die bis dicht unter Land gestellt waren, wo auch die Brandungswellen abschreckend aussahen. Also wurden die Netze südlich und westlich umfahren, um bei minimaler 10-Meter-Tiefe über Grund bis zwischen die Molen und damit in den Hafen zu gelangen.

Die Moody in Gibraltar mit Anne, Dieter und Wolf Haller

Da der Hafen wenig Interessantes bot, wurde tags darauf nach Cadiz versegelt. Es war eine Herausforderung, da die Windrichtung ja gut, aber die Stärke mit 7- 8 Bft mehr als ausreichend war. Stark gereffte Genua und alle an Deck mit Sicherheitsleinen versehen – so segelten sie am berühmten Kap Trafalgar vorbei. Wegen der vermuteten Grundseen auf der Banco de Trafalgar (in der Seekarte eingezeichnet) wurde haargenau nie unter 18 Meter Tiefe navigiert. Zusätzlich ergab die Gezeitenrechnung einen Hub von 1,5 Meter als Sicherheit. Trotzdem, alle vier Seglersenioren bezeichneten diesen Törn im Nachhinein als etwas waghalsig. Cadiz, als Gades von den phönizischen Seefahrern als eine der ältesten Städte Europas vor 3.000 Jahren gegründet, war eine Reise wert, zumal sie der Ausgangspunkt für einen Abstecher nach Sevilla war. Wie in Granada ist ein ganzes maurisches Viertel aus moslemischer Herrschaftszeit in Sevilla erhalten und wurde von der Moody-Crew intensiv besichtigt und fotografiert.

Infolge der bisherigen schnellen Reise war genug Zeit, um den ganzen Golf von Cadiz auszusegeln. Sie liefen die Häfen Mazagon, Isla Christina und als ersten portugiesischen und bisher teuersten (80 DM) Hafen die Großmarina Vilamoura an. Das alte Lagos wurde zum Personalwechsel als Ziel ausgewählt. Alle diese Häfen waren durch den anhaltenden fernen Sturm im Süden durch hoch auflaufende Dünung gekennzeichnet, die ein Einlaufen mehr oder weniger gefährlich machten. Die Entscheidung für ein Einlaufen wurde unterstützt durch eine für den Zeitpunkt und den Ort durchgeführte Proportionalrechnung der Gezeitenhöhe. Für das Einlaufen in den Kanal nach Vilamoura mit 4,3 Meter Tiefe konnte ein Hochwasserhub von 2,7 Meter addiert werden, sodass die Brandungswellen von bis vier Meter Höhe überfahren werden konnten.

Mit einer Einladung in ein Fischrestaurant verabschiedete sich Anne Carsten zünftig von dem Rest der Crew. Sie wollte sich das zu erwartende harte Segeln nicht antun. Und warum hart? Alle, die sich im Mittelmeer mit einer Heimfahrt nach Norden beschäftigten, kamen darauf zu sprechen, dass die portugiesisch-spanische Westküste am besten mit einem großen Westschlag nach Madeira und dann mit vorherrschender Westwinddrift in den Ärmelkanal zu machen sei. Die Alternative im ganzen Sommer wäre ein ständiges Gegenankreuzen gegen den starken Nordwind (Nortada 5–6) und gegen den steten Portugeser Südstrom von rund einem Knoten.

In drei Tagen sollte Torben Hansen, Hinnerks einbeiniger Cousin, in Faro zur Verstärkung einfliegen. In Anlehnung an den großen englischen Seefahrer wurde er – hinter seinem Rücken – Käpt'n Flint genannt. Als junger Mann hatte er bei einem Verkehrsunfall ein Bein unterhalb seines Knies verloren. Von kräftiger, großer Statur versuchte er sein Handicap auszugleichen, indem er sich bemühte, ausdauernder, schneller, kurz gesagt, besser als die anderen zu sein. Kein Wunder, dass er im selbst und ganz professionell gebautem 12-Meter-Kielboot Touren einhand nach Norwegen und Schottland gemacht hat. Er sollte mit dem Auto vom Flughafen Faro abgeholt werden.

Für die anstehende Segeltour wäre ein 3-4 Tage vorausschauender Wetterbericht eine tolle Hilfe. Navtex lieferte nur eine 24-Stunden-Vorhersage. Wozu hat man seinen Physikprofessor in Rostock? Hinnerk verständigte sich mit Eckhard. Der fand im Internet die erforderlichen Wetterkarten für bis 72 Stunden für alle interessanten Gebiete weltweit. Daraus konnte er seine Windvorhersagen ableiten. Jeden Abend schickte er die Prognosen für vier Tage per SMS an Hinnerk. Als Eckhard nun unverhofft, entgegen jeder Regel, östliche Winde 4–5 für Kap Vicente für die nächsten Tage meldete, hatte Hinnerk gewaltig »Hummeln im Hintern«.

»Was macht das denn für einen Unterschied, ob man von Sines, das schon ein Stück nördlicher liegt, oder von Lagos zum Flughafen fährt?«, fragte er seinen alten Kumpel Dieter, »ein Tag geht so und so drauf, die Automiete ist damit gleich.«

Dieter nickte, er hatte sich schon im Seehandbuch eingelesen und ahnte, wo hinaus Hinnerk wollte. So sagte er:

»Sines hat auch einen Yachthafen. Da könnte man das Boot sicher allein lassen, sodass wir alle mehr vom Binnenland sehen.« Als Wolf von seiner Fotojagd zurück an Bord kam, ging es umgehend los.

Durch die Brandung aus dem Hafen schaffte die Moody es nur mit dem Motor. Draußen wurden die Segel auf Kurs Kap Sagres eingestellt. Mit dem Blister war es eine Freude zu segeln und schnell kam das Kap näher, sodass der Skipper den Fotokünstler Wolf animieren wollte:

»Wolf, sieh dort das Kap Sagres im Gegenlicht – das wäre doch was fürs Album. Wisst ihr eigentlich, dass da oben in der Stadt Heinrich der Seefahrer gewohnt und von dort seine Visionen von der Entdeckung des Seeweges nach Afrikas Süden umgesetzt hat? Das war alles vor Kolumbus. – Jetzt taucht auch schon das nächste berühmte Kap auf, das Kap Vicente mit seinem 60 Meter hohen Leuchtturm.«

Dieter, ein begeisterter Segler, genoss die Fahrt. Der Atlantik war auch für ihn eine Herausforderung. Er schätzte die Segelsituation immer richtig ein:

»Hinnerk, gleich biegt die Küste nach Norden ab und der Blister sollte vorher weg, zumal es wegen der Kaps wohl heftig aufbrist.«

»Da hast du recht«, überzeugte sich Hinnerk, »Wolf, geh bitte ans Steuer. Dieter, wir beide nehmen den Blister weg. Fast acht Knoten Fahrt, so schnell brauchen wir diesmal nicht zu sein.«

Später zog allein die Genua das Schiff mit ausreichend Fahrt auf Sines zu, um morgens bei Tageslicht den Hafen zu erreichen.

In Sines wurden sie gleich wieder daran erinnert, dass sie in einem Seefahrerland waren, denn oben über dem Hafen erhob sich das Standbild von Vasco da Gama, dem Entdecker des Seeweges nach Indien und einem Sohn der Stadt.

Die Strategie Hinnerks ging auf, als man mit einer Tagesmiete eines Autos von 60 DM gemeinsam Käpt'n Flint vom Flugplatz abholte. Auf der Rückfahrt fand ein Besuch der Stadt Silves statt. Silves war in maurischer Zeit die Hauptstadt der Algarve und machte allen iberischen Städten Konkurrenz. Das Erdbeben von 1755 zerstörte sie fast vollständig. Das Castello zeigte sich als gut restaurierte Festung.

Die Weiterfahrt durch das Monchique Gebirge war über die gewundenen und teils einspurigen Straßen ein Trip wie »durchs wilde Kurdistan«.

In Sines angekommen, wurde bei schwachem Wind abgelegt, diesmal mit voller Crew. Am Kap Roca passierten sie den westlichsten Punkt Europas. Bis nach St. Nazare wurde durchgehalten, bei mäßigem Gegenwind meist gekreuzt und zum Schluss unter Motor in den Hafen gesteuert. Hier hielt das Wetter sich an die Tradition: Drei Tage stand der Nortada, als Eckhard für die nächsten Tage eine Wetteränderung ankündigte. Sie wollten es aber bereits abends wissen und kreuzten die Nacht durch gegenan: 12 Stunden mit sieben Knoten Fahrt durchs Wasser gegen Wind und Strom und am Morgen waren gerade 35 Seemeilen abgerungen. Doch morgens setzten sich die erwarteten östlichen bis südöstlichen Winde durch und das für Urlauber ungemütliche Kreuzen hatte ein Ende. Zu Ende war auch der ständige Seegang, da der ablandige Wind die See bald glättete.

Eine eigenartige Vogeltragödie geschah dann einige Seemeilen draußen auf See, als bei diesem eher leichten Landwind viele Tauben im weiten Bogen um das Schiff flatterten und ein Großteil davon auf dem Wasser landete, wie Möwen schwammen und auch Seewasser tranken, manche tot umkippten, andere wieder starteten. Etwa ein Duzend landete überall und ohne Scheu auf dem Boot. Hinnerk vermutete, weil sie Seewasser tranken, dass sie wegen der großen Hitze am Verdursten waren. Er bot einigen in einer Untertasse Wasser an. Einige Tauben nahmen reichlich von dem Wasser und starteten wieder, einige fielen kraftlos um. Ein paar Tauben waren beringt. Es ist nicht erklärlich, was die Tauben auf See wollten – die gehören eigentlich an Land. Die Moody lief abends in Leiczos, dem Vorhafen von Porto, ein.

Taubenrettung im Atlantik vor Portugal

Übrigens, an Torben bestätigte sich wieder die These, dass gute Segler auch im sozialen Verhalten starke Individualisten sind. Während der Rest der Crew bei gemeinsamer Bordkasse gemeinsames Kochen, Essen und Trinken pflegte, scherte Käpt'n Flint aus: Er lebte nur von Schokolade, Keks und Drops, und das unregelmäßig und irgendwo, meistens in der Koje. Das wurde akzeptiert und machte keine Probleme. Hinnerk wunderte sich natürlich, stammten beide doch mütterlicherseits von der gleichen Bauernfamilie ab, und die Mütter waren anerkannt die besten Köchinnen. Hinnerk selbst kochte auch gern und gut.

Ein zweites Individualproblem Torbens wurde vom Skipper sofort gelöst: Jeder hat seinen Eigengeruch, und der verstärkt sich gewiss an Bord in der Enge und bei den eingeschränkten Bademöglichkeiten, vor allem, da der Atlantik schon etwas kühlere Wassertemperaturen hatte. Nicht jeder akzeptiert den Geruch des Nachbarn. In diesem Fall war Wolf der Kabinennachbar von Torben, und als Torben sich bei Hinnerk beklagte, wechselte Hinnerk sofort mit ihm die Kabine.

»Hierin«, sinnierte Hinnerk, »liegt wohl auch das Problem älterer Singles – und deren Schwemme setzt erst in den nächsten Jahrzehnten ein – die sich zwar immer einen Partner wünschen, aber in zu vielen individuellen Eigenschaften festgefahren sind und die Art und Angewohnheiten des anderen nicht mehr tolerieren können.« Vielleicht führte Torbens Unfall dazu, dass er als zeitweiliger Single und allein erziehender Vater lebte. Er war zufrieden, dass sich durch sein gutes Aussehen und Selbstbewusstsein immer mal wieder die Gelegenheit fand, das Single-Dasein eine Zeitlang zu unterbrechen.

Andererseits zeigte Torben eine Beharrlichkeit und Ausdauer, wenn es um Auffinden und Beseitigen von scheinbar nicht erkennbaren Fehlern an Bord ging. So verlor sich der Dieselölgeruch in der Gästekabine nach dem Tanken in Sines nicht, besonders nach dem letzten Kreuzen, als das Boot sehr krängte. In den vergangenen Jahren war von Hinnerk immer mal wieder die Ursache gesucht worden, aber nicht mit Torbens Beharrlichkeit und Konsequenz.

Torben baute jedoch einiges aus, um an die Brennstoff-Schläuche zu kommen und wurde endlich fündig: Der Einlaufschlauch zum Tank, der von Deck vom Einfüllstutzen kommt, ist in einem tieferen Bogen verlegt worden, und dort fand Torben einige Tropfen Öl. Die Ursache dafür war optisch nicht erkennbar, da der Schlauch am Holzschott zur Gästekabine auf »englische Art« offenbar schon auf der Werft befestigt worden war. Man hatte aus der Nachbarkabine durch das Schott eine lange Holzschraube in den Kunststoffschlauch geschraubt! Somit war dieses Leck seit dem Bau des Schiffes vorhanden. Der Schlauch wurde nun vulkanisiert und Käpt'n Flint erhielt eine extra Portion Porto zu trinken.

Übrigens Porto, diese alte und berühmte Stadt, wurde von der Moodybesatzung von Leiczos aus per Bus angesteuert. Leider war es Sonntagabend und absolut nichts los. Man hätte auch die Bürgersteige hochklappen können. Alle hatten sich auf die kostenlosen Portweinproben eingestellt. Vor allem aber auf ca. 80 Weinkellereien – aber, alle dicht! Also wurde in der Altstadt nach einem geöffneten Restaurant gesucht. Wiederum war keines geöffnet, bis auf eine Hähnchenbraterei in der Nähe des Hafens und der zweistöckigen Brücke, die zum Weltkulturerbe erklärt worden ist. Nach dem Essen – diesmal mit Torben – und einem Durchstreifen der Altstadt bis zur Burg Portu Cale ging es wieder an Bord. Von der mittelalterlichen Burg Portu Cale ist unschwer der Ländername Portugal abzuleiten.

Eckhards angesagter Südwind trieb die Moody früh aus dem Hafen und abends lag sie dank Blisterwetter schon in Spaniens gut geschütztem Hafen von Bayon mit schönem Ambiente. Die fehlenden Detailseekarten von dem nun folgenden Galizischen Archipel konnten in der Marina zu 30 % unter Normalpreis erworben werden. Das schnelle Vorankommen und die guten Wetteraussichten (Navtex-Voraussage stimmte wieder mit Eckhards Report überein) veranlassten Hinnerk, alle zu einem Skipperessen mit San Miguelbier in Bayon einzuladen. Der ungewöhnliche, immer noch vorhandene Südwind, trieb sie bereits nach dem Frühstück aus dem Hafen. Entgegen der Absicht, dieses interessante Fjordgebiet zu ersegeln – vielleicht auch, weil es zum ersten Mal morgens wolkenverhangen und diesig war, segelten sie den direkten Weg außen um die Inseln und Untiefen herum zum Kap Finisterre (Landsende).

Dieses berühmte und berüchtigte Sturmkap interessierte die ganze Mannschaft, die gemeinsam beschloss, den kleinen Ort Finisterre hinter dem Kap anzulaufen.

Hinter der Mole auf sechs Meter Wassertiefe fiel der Anker. Sie wollten mit dem Beiboot übersetzen. Obwohl die Funktion des Motors nicht beeinträchtigt schien, kamen dichte, giftig riechende Rauchwolken aus dem Außenborder, und da kam beim Hinnerk Ärger auf:

»So eine Sauerei«, schimpfte er, »habe gerade den neuen, in Sines gekauften Sprit in den Tank gegeben. Unser alter Kanister hatte ja ein Leck beim Abfüllen an der Bunkerstation in Sines und der Tankwart drängte uns seinen Behelfskanister auf, der noch sein Etikett – irgendein Reinigungsmittel – drauf hatte. War wohl ein Danäergeschenk!«

Dieter, den nichts aus der Ruhe bringen konnte, meinte es gut und sagte: »Hinnerk, lass man, wird wohl nichts passieren.« Hinnerk wollte schon als Letzter zusteigen, als er stoppte, kehrtmachte, den bewussten Kanister ins Beiboot holte und sich Luft machte:

»Klar Dieter, dir wird nichts passieren. Wenn der Motor hin ist, haben wir immer noch die Paddel an Bord. Aber wenn nach längerer Zeit die ätzenden Stoffe des Reinigers die Aluteile des Motors zerfressen, dann ist Hinnerk Zahlmeister. Der Kanister bleibt an Land, woher er auch gekommen ist! Und demnächst kommt sauberes Benzin in den Motor.«

Damit legte er ab und merkte doch zugleich, dass sein cholerisches Temperament mal wieder mit ihm durchgegangen war. Er erwartete zu viel von seinen Mitseglern, indem er voraussetzte, dass jeder sich so um die Werterhaltung seines Schiffes bemühte, wie er selbst. Dabei hatte er selbst erst allmählich gelernt, dass es billiger und in wichtigen Dingen des Bootes sogar lebensnotwendiger ist, beginnende Fehler und angehende Verschlechterungen sofort abzustellen.

An Land zeigte sich der Ort Finisterre wirklich versteckt vor dem Westwind hinter Felsen geduckt und windgeschützt auf der Leeseite von der anrollenden Atlantikdünung. Aufkommende Nebel ließen keine Fernsicht zu und täuschten frühe Dämmerung vor. Das einzig geöffnete Restaurant konnte zumindest mit dem hier erzeugten Produkt, Fisch, aufwarten und den ließen sich alle schmecken.

Jeglicher Statistik zum Trotz: Bei der Weiterfahrt rund Galizien nach La Coruña blieben die südlichen Winde der Moody treu und passten sich nur der Küstenlinie etwas an, also Blisterwetter. Glücklich im Hafen La Coruña und am Old Yachtclub festgemacht, konnte bald die nächste Ablösung Werner Rosen – bekannt von früherer Reise – begrüßt werden. Sein Retourticket wanderte zu Dieter weiter. Dieters Ausstandsessen in einer in der finsteren Hafengegend gelegenen Kneipe sollte für einige noch böse Folgen haben.

Während Dieter seinen Heimflug von Santiago aus antrat, begab sich die Moody auf die 360 Seemeilen lange Überfahrt über die Biscaya nach Brest. Dieser Seeabschnitt wird als der gefährlichste in ganz Europa angesehen. Das ist aber nur bei lang anhaltenden Weststürmen so, da sich dann auf dem Atlantik mit 4.000 Meter Tiefe hohe Wellen ausbilden können. Treffen die dann sehr schnell auf sehr viel geringere Tiefen von 200 Meter und weniger, wird ihre Unterwasserrotation (Orbitalbewegung) am Boden gehemmt. Die Folge ist eine höhere und brechende See. Im Extremfall werden sie zu Grundseen – der Tod für jedes Schiff. Früher hätte man zufällig in eine solche Situation hineingeraten können, da langfristige Wetterprognosen fehlten. Navtex Coruña hatte für die nächsten 24 Stunden SW 15 Knoten vorausgesagt und Ähnliches sagte Eckhard sogar für 72 Stunden voraus. Hinnerk konnte also beruhigt sein. Er war einverstanden, dass sogar der Blister nachts durchstand und überließ Werner und Torben die Hundewache in der Gewissheit, nachts, ohne geweckt zu werden, durchschlafen zu können.

Da hatte er sich aber verrechnet, denn ohne direkt aus der Koje gerufen zu werden, wurde er von ungewöhnlichem Lärm, von Trampeln und Schreien, Poltern und Schlagen mitten in der Nacht geweckt. Es folgten Fluchen und Laufgeräusche sowie schließlich lautes Platschen. Als Hinnerk halbwegs munter war, ließ der Lärm etwas nach. Aber da wollte er doch mal nach dem Rechten sehen. Ein Blick in die Pantry und den Decksalon – alles war voller Rauch und roch beißend nach ersticktem Brand.

»Was ist hier los?« Hinnerk wandte sich nach oben an die Deckswache, wo Torben kopfschüttelnd aber ruhig neben dem Ruder stand und antwortete:

»Mann, oh Mann – ich war schon dabei, die Rettungsinsel zu aktivieren, so schlimm sah das aus…« Und da schoss Werner mit einer Pütz voll Wasser an Hinnerk vorbei nach unten in die Pantry, und kippte sie auf den Boden aus.

»Hinnerk«, japste Werner, »nimm's mir nicht übel, 's ist alles meine Schuld. Aber die Bodenbretter und so baue ich alles im Herbst aus und alles wird wie neu!«

Nun sah Hinnerk, dem immer noch vor Staunen der Mund offen stand, dass Werner ein angesengtes T-Shirt hatte und wie ein Schornsteinfeger ausschaute.

»Nun mal der Reihe nach, verstehst du das, Torben?« Der grinste und meinte:

»Da der Schuss aus Werners Segeljacke kam, vermute ich was.«

»Wo ist die Jacke?«, fragte Hinnerk den angeschlagenen Werner, »du musst doch wissen, was passiert ist!«

»Es kam von meiner Rettungsrakete, offenbar Selbstzündung, das ist nun vorbei!« Werner schnupperte, »lasst uns lieber nochmals nachsehen, ob wirklich alles aus ist. Dann die Luken auf und vom Fahrtwind durchlüften lassen, der treibt den Rauch raus.«

Das war richtig. Nichts ist gefährlicher als ein Schiffsbrand auf See, der vom ständig blasenden Wind angefacht wird. Und dann das trockene Holz mit dicker Lackschicht und mit entzündlichem Kleber verleimt – ein idealer Zunder, wenn das einmal brennt, da hilft kein Löschen. Da heißt es nur: »Sofort in das Boot bzw. die Rettungsinsel!«

Als das Schiff als sicher anzusehen und gelüftet war, musste Werner berichten:

»Seit fünf Jahren trage ich eine Handrakete in meinem Ölzeug. Ich dachte, wenn ich, wie meistens, nur mit einem zweiten Mann unterwegs bin und nachts dann über Bord falle, wenn der andere schläft, kann ich mich mit der Rakete bemerkbar machen.« Pause. »War wohl nicht so eine gute Idee?«

Hinnerk schüttelt den Kopf. »Da gibt es andere Lösungen, die in vielen Büchern von Einhandseglern beschrieben werden. Nun noch mal. Wo ist deine Jacke?«

»Die habe ich brennend über Bord geworfen, die war hin. Zum Glück ging die Rakete nach außen durch die Jacke und nicht mir in den Bauch, dann flog sie in der Pantry herum und ließ sich natürlich nicht austreten.«

»Und ich dachte, das ganze Boot brennt, so schlimm sah es aus«, warf Torben ein.

»Nun verstehe ich«, Hinnerk übersah jetzt den Schlamassel.

»Zum Glück war es nur eine kleine Rakete, die bald wieder ausging. Als

Brandübung taugt die Geschichte auch nicht, denn keiner hat an die beiden Feuerlöscher gedacht, die im Salon und in der Achterkajüte hängen.«

Um vier Uhr früh, als der gut ausgeschlafene Wolf den alles überdeckenden Kaffeeduft zum Frühstück folgte, war er überrascht über Hinnerks Bericht, dass sie nur knapp einer Katastrophe entkommen waren.

»Normalerweise habe ich auch keinen so festen Schlaf«, setzte Wolf die Unterhaltung fort, »aber diesen bösen Brechdurchfall seit gestern Mittag bis spät abends, da bin ich ohne etwas zu essen ziemlich geschwächt in die Koje gefallen und war gleich weg bis eben. Die Kohletabletten gestern haben wohl den Durchfall gebremst, aber übel ist mir noch immer. Das ist bestimmt von Dieters Abschiedsessen – irgendwie hat's mich erwischt.«

»Leg dich nur wieder hin. Seit den Ringwadenfischern gestern früh war kein weiteres Schiff in Sicht. Ich mach das hier allein, wenn du im Salon in Bereitschaft bleibst«, sprach Hinnerk und hielt bis Ende der Wache durch. Aber dann hing er ebenso über die Reling und verschwand danach stöhnend auf der Toilette. Als er Wachwechsel hatte, schluckte er die Kohletabletten und lag gleichfalls flach in der Koje.

Aber das Boot lief weiter kontinuierlich mit über 7 Knoten vor dem Wind. Und nun hatte Torben den Blister allein stehen und wie ein Spinnaker geführt mit halb freier Luvschot, sodass das Segel sich etwas drehend dem Wind besser anpassen konnte (er ist schon ein toller Praktiker). Tagsüber genügte ein Mann zum Ausschauhalten und abends kam Hinnerk einigermaßen brauchbar wieder an Deck. Er wollte jeglichen Verdacht auf Seekrankheit der beiden Angeschlagenen ausräumen und sagte:

»Erst hat es Wolf erwischt und nach ihm wohl mich – irgend so eine Magen-Darminfektion, wohl die spanische Rache von Coruñas Hafenbar.«

»Schade«, berichtete Werner, »da habt ihr heute Nachmittag etwas verpasst. Erst dachte ich, da treibt ein großer Baumstamm in den Wellen, dem wir ausweichen müssen. Als wir näher kamen, fuhren wir haarscharf an einem Pottwal vorbei – er war länger als unser Boot. Und ihr werdet es nicht glauben, aber er machte gerade sein großes Auge auf – hatte wohl geschlafen und mir schien, als ob er uns mit seinem großen Maul irgendwie angrinste.«

»… machte er sein großes Auge auf!«

»Toll«, erwiderte Hinnerk, der von Wolf einen Zwieback übernahm, um sich auch etwas aufzubauen, »aber wo du schon über so merkwürdige Dinge berichtest, will ich auch meinen Beitrag dazu leisten:

Wir haben in Lagos tatsächlich einen der seltenen Wasserhunde gesehen. Er sah mit seinem langen schwarzen Fell aus wie ein großer Pudel. Er ist eine jahrtausendalte Züchtung der portugiesischen Fischer und war immer der treue und ständige Begleiter und Helfer der Fischer, indem er sowohl einzelne Fische apportieren als auch bis zu vier Meter unter Wasser die Fischschwärme in das Netz der Fischer treiben konnte. Dafür ist er gut ausgerüstet, da er Schwimmhäute zwischen den Zehen und für das Tauchen eine verschließbare Membrane vor der Kehle hat. Wegen der modernen Fangmethoden heutiger Fischer wird der Wasserhund nicht mehr gebraucht und ist fast ausgestorben. Ich hatte leider keinen Fotoapparat dabei, sonst könnte ich dir das beweisen.«

Da fing Werner an zu lachen.

»Ist bestimmt so eine Geschichte wie die mit den Tangdächern damals auf Läsö, ha,ha – aber von meinem Wal werde ich euch zu Hause bestimmt ein Bild zeigen können, wenn der Film o.k. ist.«

Hinnerk bot dem Werner gleich eine Wette an:

»Ich setze einen Kasten Bier, wenn ich dir das mit dem Wasserhund an Hand eines Tierlexikons beweise.«

Aber dem Werner war das suspekt, er winkte ab: »Du wettest ja doch nur, wenn du gewinnen kannst. Da verzichte ich lieber.«

Inzwischen war Torben neugierig geworden, und er drängte: »Was war denn nun mit den Tangdächern?«

Der Skipper ließ sich Zeit, bis auch Wolf sich anschloss:

»Erzähl nur, Hinnerk, dann geht unsere Wache schneller vorbei. Das Selbststeuer nimmt uns die ganze Arbeit ab, da können wir's uns gemütlich machen.«

Alle saßen gemeinsam in der Plicht, bei der Backstagsbrise war es hier gut auszuhalten und Hinnerk begann:

»Es war auf einer der Chartertouren, die alle Jahre von einem aus meiner damaligen Abteilung – vielleicht sogar von dir Werner – organisiert wurde. Mit zwei Yachten waren wir von der nördlichen Insel des Kattekats, von

Läsö kommend in dem jütländischen Hafen Säby eingelaufen. Abends hockten alle feuchtfröhlich in einem Boot zusammen und erzählten von dem Besuch auf der Insel Läsö. Da kam einer auf die berühmten Tangdächer der alten Höfe zu sprechen, und ich hatte plötzlich die Idee, daraus ein kräftiges Seemannsgarn zu spinnen. Darum warf ich gleich ein, darüber etwas in einem alten Seehandbuch gelesen zu haben.

Das verhalte sich also folgendermaßen: Früher, als es noch keinen Tourismus gab und die Dünenlandschaft kaum Landwirtschaft zuließ, war die Fischerei der hauptsächliche Broterwerb. Die Einwohner mit ihren vielen Kindern waren bitterarm. Schlimm wurde es aber, wenn ein Winter einmal sehr lang dauerte. Die Fischer konnten nichts fangen, und der weit bis in das Frühjahr anhaltende Eisgang ließ kein Versorgungsschiff vom Festland durch. Das war eine Hungerzeit, für die man am Ende nur eines hatte: Die Seetangdächer ihrer Häuser. Der Seetang hat ja einen hohen Anteil an Eiweiß und Kohlehydraten. So hing dann die ganze Familie vom Großvater bis zu den Kleinkindern an den Tangdächern und nagten daran herum – und überlebte.

Die ganze Runde in der Kajüte guckte mir gespannt ins Gesicht, wobei ich eine ernste, reservierte Miene aufsetzte. Da waren wohl einige nachdenklich geworden und einige nahmen einen Schluck aus der Bierbuddel. Heino Meyer, der mich schon sehr lange kannte, sah wohl das leichte Schmunzeln in meinen Augen und fing in die Stille hinein laut an zu lachen. Da war der Bann gelöst, und ich lachte mit.«

Wolf meinte: »Warum kann die Geschichte nicht wahr gewesen sein, manchen Seetang kann man doch essen?«

»So ist es mit den Seefahrergeschichten«, sagte Hinnerk, »je logischer sie erscheinen, desto wahrer werden sie.«

Der Wind wollte es am Abend noch mal wissen und brachte der Yacht bis zu 8 Knoten auf das Sumlog. Da die weitere Wettervoraussage gut war, blieb der Blister über Nacht stehen.

Am nächsten Mittag war es offensichtlich – nun hatte die spanische Rache auch Werner erreicht, ihm wurde schlecht mit den gleichen Symptomen, er hatte auch diesen Magen-Darminfekt. Wahrscheinlich angesteckt durch Hinnerks Pantry-Aktivitäten, die auf See nicht so hygienisch sauber waren wie sie sein sollten. Als einzige Ausnahme war Käpt'n Flint verschont wor-den. Hinnerk sah darin mal wieder etwas Positives und schlussfolgerte für sich: »Da sieht man, wofür es gut ist, ein Individualist zu sein – er war nicht in der Ansteckungskette dabei, weil er sein eigenes Trockenfutter hatte, da benötigte er kein Besteck und einen Becher auch nicht.«

Gegen 14 Uhr kam das Kap du Raz in Sicht. Die schnelle Reise mit mehr als 330 Seemeilen in 48 Stunden bedeutete ein Etmal von 165 Seemeilen an zwei Tagen hintereinander. Das war dem Hinnerk einen Bodendecker wert, und es gab eine Extrarunde Rotwein. Fieberhaft wurde später mit dem Fernglas nach der Untiefentonne an Stb voraus gesucht. Vergeblich, sie lag schließlich an Bb und drei Seemeilen nördlicher.

Nun ist dies eine besondere Küste. Hinnerk hatte sie schon einmal auf einem Bretagne-Urlaub vom Kap aus gesehen. Vom hohen Vorgebirge aus sah man auf die Ile de Seine und die Felsnadeln und Untiefen weit davor herab, wobei selbst bei Windstille die Brandungs- und Strömungswellen sichtbar werden, und diese haben das Außenkap oft wie einen Hexenkessel aussehen lassen.

Jetzt kam er diesem Kap du Raz immer näher, und davor hatte er großen Respekt. Der vorsichtige Hinnerk gab zuerst Befehl, direkt auf die Tonne hinzusteuern, damit er von der gefährlichen Untiefe Chaussee de Seine wegkäme. Dann bat er Wolf, mit seinem Hand-GPS das Bord-GPS zu überprüfen. Der GPS-Ort stimmte überhaupt nicht mit dem der Tonne überein. Es gibt Felsnadeln unter Wasser, vor denen ein Lot nicht warnen kann – nur Spezialschiffe haben dafür Sonare (Horizontal-Lote). Erst als das Lot die Tiefe von 20 Meter und später von 60 Meter anzeigte und Wolf die Übereinstimmung der GPS-Anzeigen meldete, verstummten allmäh-lich Hinnerks Alarmglocken. Die Tonne mag ja kurzfristig verlegt worden sein. Daher wurde nun Kurs auf Brest genommen.

Reede und Häfen von Brest liegen gut geschützt hinter einer schmalen Durchfahrt. Gegen Nachmittag standen gut vier Knoten Gegenstrom, sodass der Motor die letzten Meilen zum Yachthafen Moulin Blanc zuge-setzt werden musste.

Der Ausflug zum abendlichen Essen endete überall vor verschlossener Küche, da ein wichtiges Fußball-Länderspiel gegen Deutschland lief. Das

Spiel verloren zum Glück die Deutschen, sodass die Franzosen im Weiteren sehr freundlich zur Moody-Crew waren. Die Stadt schien tot zu sein. Also: »Kehrt Marsch!« Nur Käpt'n Flint hielt durch und lief drei Kilometer weiter in das Stadtzentrum, wo er noch eine Essenklappe fand. Alle fuhren tags darauf mit dem Bus zur Stadtbesichtigung, ausgenommen Werner, der seine spanische Krankheit auskurieren musste.

Die Reise entlang der bretonischen Küste war gekennzeichnet durch hohe Tidenhübe und entsprechend wechselnde Gezeitenströme. Der erste Hafen war Trebeurden, und als er bei Hochwasser (HW: 9,20 m) erreicht wurde, war die Einfahrthöhe des Wassers über dem Süll (h: 3,50 m) kein Hindernis für die 1,50 Meter tief gehende Moody. Fünf Stunden später war das Meer außen vor dem Hafen verschwunden und das Watt reichte weit hinaus. Alles notwendige Wissen für das Segeln hier und an der ganzen europäischen Küste findet man im jährlich erscheinenden Macmillan–Nautical Almanach, eine ausgezeichnete Fundgrube.

Trebeurden zeigte sich in typisch bretonischer Bauweise mit Schiefer gedeckten Häusern, die mit grauen Natursteinen gemauert sind. Der schöne weiße Strand war leer. Saison ist wohl erst in den Sommerferien.

»Günstige Winde für das Ziel, wer die auslässt, den bestraft Poseidon«, dachte Hinnerk und ließ am nächsten Tag mit auflaufender Flut auslaufen und den Bug auf die Insel Jersey richten. Tatsächlich waren sie abends im Hafen Heliere, mussten allerdings im Päckchen mit vielen anderen dreieinhalb Stunden auf die Freigabe zur Fahrt über das Süll warten. Drängeln ist nicht notwendig, denn jeder bekommt einen Platz. Auch wenn die Schlengel voll belegt sind, wird in Päckchen verlegt. Und oft sind Teile des Hafens dicht voll, sodass man trockenen Fußes hinübergehen kann. Dieses Liegen wie in einer Sardinenbüchse ergibt kein Schamfielen, da kein Schwell in den Yachthafen gelangt. Eine Stadtbesichtigung endete mit einem Fish & Chips-Essen, ausreichend und sehr gut und mit einer Skipperrunde Guinnesbier.

Da Torben Hansen lieber mit der Eisenbahn nach Hause fahren wollte und noch drei Tage Reserve bis zur Ablösung übrig waren, wurde ein Ausflug nach St. Malo beschlossen. Dort lag die Moody in der Nachbar-Marina Bas Sablons. Die Süllhöhe war zwei Meter. Gut elf Meter Tidenhub bedeuteten, dass die Fußgängerbrücken zu den Schwimmstegen so hoch und steil sind, dass sie für ungläubige Zuhausgebliebene extra fotografiert wurden. Ein romantischeres Bild ergibt jedoch die Stadtfestung St. Malo mit der rundum geschlossenen Stadtmauer und den Stadttoren. Sie ist originalgetreu wieder aufgebaut worden, nachdem die Amerikaner sie im letzten Krieg total platt gebombt hatten. Torben reiste ab und die Moody segelte wieder nach Jersey zurück. So ganz ungeschoren sollte die Moody Eclipse am letzten Tag dieser Etappe nicht davonkommen:

Hoch am Wind und vorsichtigerweise mit Motorunterstützung liefen sie durch den Untiefengürtel vor St. Malo. Anschließend konnte unter Vollzeug bei W 5 Bft auf die schmale Fahrrinne westlich von dem Felsengarten um Iles Chausey abgefallen werden. Der Wind nahm zu auf WNW 6, und man sah bereits die Brandungsringe um diese Untiefen und Felsen. Die Tiefen nahmen ab auf 8–9 Meter und es gab viele Grundangeln, die durch zwei Kugeln und eine Fahne kenntlich gemacht sind. Diesen sollte man ausweichen. Hinnerk hatte andererseits dem steuernden Werner geraten, nicht zuviel Höhe zu verschenken, da der Wind immer mehr ausschoss. So hoch am Wind, bei dem im Seegang schwojenden Boot und dem starken Strom (NW mit circa zwei Knoten), was man an den Bojen abschätzen konnte, war das Umfahren der vielen Grundangeln schwierig. Werner hatte das bisher ganz gut gemacht. Hinnerk kam an Deck, nachdem er die Navigation aktualisiert hatte und erläuterte die augenblickliche Situation:

»Wenn wir weiter so weit West halten können, kommen wir mit einem kurzen Holeschlag aus, um nach Port Heliere anliegen zu können. Aber beiderseits unseres Kurses gibt es noch einige Poltersteine, und Hochwasser ist erst in drei Stunden.« Werner peilte die nächste Fahne einer Grundangel an.

»Sieh dir das an!« Er zeigte auf den Kurs voraus, »wenn ich diese Fahne nicht in Lee kriege, dann auch die nächste nicht.« Hinnerk holte das Groß etwas dichter, wollte es selbst mal versuchen und sagte selbstsicher: »Ich übernehme das Steuer, mal sehen, ob ich das nicht schaffe.«

Und er presste das Boot an den Wind. Es sah auch alles recht gut aus und mit zwei Meter Abstand schien das Boot die Fahne und die beiden Bojen an Lee zu lassen. War es nun der Strom, der quer zum Kurs auf die

Bojen stand, oder waren es die Wellen, die auch mal etwas stärker waren und das Boot quer versetzen können, jedenfalls war das Boot schon fast vorüber, als das Achterschiff gegen die Fahne stieß.

»So'n Schiet«, fluchte Hinnerk und alle guckten wie hypnotisiert auf die Grundangelfahne, die im Augenblick vorüberflitzte. Schon wollten alle aufatmen. Doch da zeigte es sich, dass die Grundangel ihren Abstand kaum noch vergrößerte und schließlich wie am Schiff angebunden hinterherschwamm.

Die vier Phasen einer griechischen Windmühle.

»Nun hat uns die Grundangel eingefangen«, gab Hinnerk zu, »aber das sind höchstens zwei sechs bis acht Millimeter dicke Leinen. Eigentlich sollten wir uns mit vereinten Kräften von Wind, Strom und Motor losreißen können – oder der Leinenschneider befreit uns, sobald die Propellerwelle dreht. Wolf, Motor an!«

Nachdem der Motor lief und Hinnerk »Voll voraus« fuhr, geschah etwas Unglaubliches. Das Schiff fuhr mit großer Geschwindigkeit links im Kreis um die Grundangel herum, während die Segel den ungewollten Wenden und Halsen folgten und bei dicht geholten Schoten jeweils herumschlugen. Dabei versuchte Hinnerk stöhnend und fluchend diese Kreisbewegung nach Stb auszusteuern, was misslang.

Werner hatte trotz allem noch Humor, indem er feststellte:

»Das Boot benimmt sich ja ähnlich wie eine griechische Windmühle.«

Inzwischen hatte Hinnerk aufgegeben und den Motor ausgemacht. Er meinte, erstmal müsse Ruhe ins Schiff kommen und gab Order: »Segel müssen weg, zuerst die Genua!«

Danach wurde mit vereinten Kräften das Großsegel eingerollt. Bei dem Seegang sprang das Heck periodisch aus dem Wasser. Dabei konnte man hin und wieder eine gespannte Leine sehen. Hinnerk ließ sich das lange gezackte Brotmesser geben und meinte zuversichtlich:

»Den gordischen Knoten werde ich jetzt lösen.« Er ließ sich an der Bade-leiter herab und konnte nach etlichen Versuchen die Leine kappen.

Nun blieb die Fahne schnell zurück und der Skipper, der wusste, dass das Boot nun mit Wind und Strom auf die Untiefen der Iles Chausey zutrieb, eilte zum Steuer und nahm sofort Fahrt mit dem Motor auf. Doch mit gleichem Ergebnis: Das Boot ließ sich nur im Kreis fahren. Er stoppte den Motor und stellte fest, was alle sahen:

»Da haben wir den Ärger. Ruderanlage ist defekt und wir treiben – noch haben wir 9 Meter Tiefe.« Er hatte auf das Lot und dann nach Lee zu den Brandungswellen gesehen. Werner hatte verstanden. Echt in Panik rief er:

»Da bleiben uns nur die Notraketen, ich hole sie.« Und er wollte runter ins Boot. Doch Hinnerk hielt ihn zurück.

»Halt, so schnell schießen die Preußen nicht«, Hinnerk versuchte Ruhe zu verbreiten, »wir sollten versuchen, unter dem Schiff etwas zu richten. Wir müssen nur feststellen, was. Wer traut sich runter mit Taucherbrille?« Beide winkten ab.

»Nicht bei dem Seegang«, meinte Werner. Hinnerk hatte Verständnis, zumal Wolf, der Jüngste, so stark kurzsichtig war, dass er ohne Brille unter Wasser gar nichts sehen konnte. Schnell gab er Order:

»Wolf, suche achtern aus dem Schapp die Taucherbrille. Werner, hole ei-

133

nen dicken Festmacher!« Bis auf die Unterhose entkleidet, ließ sich Hinnerk mit dem Festmacher eine Schlaufe unterhalb der Arme machen und das andere Ende der Leine am Heck befestigen. Es folgten die Anweisungen:

»Werner wird die Leine langsam nachlassen, während ich über die Badeleiter runtersteige und unter das Schiff tauche. Wolf, stoppe die Uhr und sollte ich nach maximal drei Minuten noch nicht wieder aufgetaucht sein, müsst ihr versuchen mich raufzuziehen. Wolf, noch was: Beobachte das Lot, wird die Tiefe weniger als fünf Meter, müssen wir sofort ankern.«

Mit einer Hand über sich das springende Heck abhaltend, tauchte Hinnerk zum Ruder vor. Zum Glück war sonniges Wetter und gute Sicht unter Wasser, sodass er das Problem sofort erkannte und zurückschwamm. Er rief laut nach oben:

»Steuerrad ganz nach Bb einschlagen und Messer bereithalten!«

Das war die Lage: Der Leinenschneider hatte eine Seite der Grundangel abgeschnitten, Hinnerk die andere und beim Versuch, nach Stb zu steuern, war die Restleine immer tiefer in den Spalt zwischen Ruderhacke und vorbalancierter Ruderfläche eingeklemmt. Wieder verschwand er mit Taucherbrille unter dem Schiff und konnte tatsächlich das Leinenende aus dem Ruderspalt herausziehen. Triumphierend hielt er das Ende hoch und enterte sofort hinter das Steuerrad.

Wolf meldete besorgt: »Noch sechseinhalb Meter Wassertiefe, schnell abnehmend und nur etwa 250 Meter bis zur Brandung.«

Hinnerk fand das zwar beunruhigend, erprobte aber erstmal das Ruder. Und da fiel ihm ein, was er schon von Anfang an hätte tun sollen, nämlich die elektrische Ruderlageanzeige anzusehen. Jetzt war die Steuerung wieder in Ordnung, denn das Ruder ließ sich je 35° nach beiden Seiten legen.

Hinnerk kam zur Einsicht, er war wieder bei brenzligen Situationen viel zu aufgeregt gewesen. Immer vergaß er, dass das Schiff versichert ist und dass es eine Rettungsinsel gibt. Ob er sich noch ändern kann mit 67 Jahren? Blitzartig lief ihm diese späte Erkenntnis durch den Kopf und unter dem Druck schnellen Handelns gab er die Anweisungen:

»Alles o.k., nun Wolf, Motor an und Werner, Badeleiter hoch und dann ans Rad, ´s ist noch deine Wache!« Hinnerk steuerte erstmal zurück gegen Wind und Strom, und als Werner übernahm, konnte er den Schiffsort und danach den neuen Kurs ausrechnen. Wolf half die Segel zu setzen und auf den neuen Kurs zu trimmen. Die Bordroutine lief ihren alten Gang. Hinnerk war erleichtert und rief die Mannschaft zum »Bodendecker«, ausgenommen den »Isern Hinnerk«, der steuern musste.

»Hoch die Tassen auf unser gutes Team und die schwer erarbeitete Erkenntnis: Im Zweifel ist jede Grundangel mit Respektabstand an Luv zu lassen.«

Abends im Pub bei der Bierrunde wurden die vielen Erlebnisse dieser für Werner und Wolf abgeschlossenen Reise noch einmal durchgesprochen, aber besonders die äußerst gefährliche Ruderhaverie.

»Schuld hatte diesmal der Skipper. Zum Glück ist das nicht nachts passiert«, sprach Hinnerk und griente schon wieder.

»Das alte Seehandbuch warnt eindeutig vor der Ile Chausey. Darauf soll es nur ein bis zwei Familien geben, für die seit alters her die Erträge der Landwirtschaft nicht reichen und die im wesentlichen vom Strand leben im weiteren Sinne – über dortige Schiffbrüchige ließe sich bestimmt ein langes Seemannsgarn spinnen.«

8. Im Ärmelkanal
zu Rund Europa 2000

Bevor die dritte Etappe von Rund Europa direkt nach Hamburg beginnen konnte, wurde ein wenig Familiensegeln im hinteren Teil des Ärmelkanals gemacht. Circa 10 Tage segelte Hinnerk mit Sohn Helge nach Cornwall und dann Guernsey, wo Hinnerks liebe Frau Christin den Helge für ihre Sommerferien ablöste.

*

Ein Segeltörn von Jersey nach Plymouth war mit Helge angesagt und dabei wehte es zunehmend NW 5.

»Genau gegenan«, sagte Vater Hinnerk, »das ist im Urlaub von Übel. Da wollen wir uns mal was einfallen lassen. Wir fahren gegen 19 Uhr zuerst mit dem NW-Strom von St. Heliere nach Westen für fünf bis sechs Stunden und gehen dann über Stag auf Plymouth zu (von da ist der Strom lange Zeit NO und nicht so stark). Außerdem sind wir dann um Mittag, also im Hellen, vor dem Hauptverkehrsweg und könnten ihn dann vorschriftsmäßig unter 90° queren.«

Helge, der gerade die Gezeitenrechnung gemacht hatte, sagte:

»Papa, das geht so nicht, denn um 19 Uhr ist das Süll nicht mehr passierbar, nur bis 17 Uhr, dem Nachmittagshochwasser.«

Hinnerk hatte das bedacht und nickte.

»Richtig. Wir verholen uns gegen 15 Uhr in den Vorhafen, an den Steg des Collotte Yacht Basin.« Dann wurde diese strategische Planung umgesetzt und nachmittags, bereits außerhalb des Sülls, gegessen und geschlafen. Draußen blies es ganz heftig mit 5 Bft. Plötzlich mit einem großen Krach, einem Stoß – den sie auch auf der Koje merkten – und lautem Geschrei wurden beide geweckt. Sie sprangen raus und hatten ihre erste spezielle englische Begegnung: Eine gleich große Yacht wollte unter Segel auch an den Steg und war seitlich an die Moody geknallt.

Hinnerk setzte sein ärgerlichstes Gesicht auf, half aber mit Helge vorerst mal den drei Briten, ihr Boot festzuhalten. Hinnerk schüttelte seinen Kopf über die gerade erhaltenen Schrammen an seiner Moody, bis sich der gegnerische Käpt'n zu ihm hin bewegte. Hinnerks Gesicht blieb kompromisslos trotz des Palavers des anderen und auch das stumme Kopfschütteln blieb, bis, ja bis der Rammkäpt'n 30 Pfund auf die Schrammen legte. Da glätteten sich Hinnerks Sorgenfalten und er nahm die Entschuldigung an. Das war eine lautlose und wirklich seriöse Methode, um zum Vergleich zu kommen.

Bald darauf ging es dann mit leicht gerefften Segeln auf Tour. Aus der Abdeckung von Jersey herausgekommen, wurden die Wellen wegen des gegenläufigen Stromes sehr steil. Es war bewölkt und meistens finster, wenn nicht der Vollmond hin und wieder eine Lücke fand. Kurz gesagt: Bei dem bis zum Deck gekrängten und über die steilen Wellen springenden Schiff wäre es für jeden, vor allem aber für den an Nachtfahrten noch nicht gewöhnten Helge, beängstigend. Nach der Wende drehte der Wind bald zurück auf West, das Schiff lief ruhiger und damit schneller und am Morgen stand es schon fast vor dem Zwangsweg. Die Kette der Schiffe zog in beiden Richtungen vor ihnen vorbei. Da hatten sie die zweite spezielle englische Yacht-Begegnung: Zwei Yachten von der Insel (England) kommend, hielten auf die Moody zu und fragten nach dem genauen Schiffsort, den Hinnerk und Sohn ihnen natürlich dank GPS auch sagen konnten.

Der vor der Moody verlaufende Hauptverkehrsweg lag außerhalb des TSS (Traffic Separation System), und sie mussten nicht den Motorschiffen ausweichen. Man kann sein Vorfahrtsrecht als Segler wahrnehmen, sollte es aber nicht erzwingen. Der halbe Wind, quer einfallend in die ungerefften Segel, ließ das Boot mit einer Fahrt von fast acht Knoten auf die Kette von großen Schiffen zueilen. Das war natürlich wenig gegenüber der Geschwindigkeit großer Containerschiffe, die ca. dreimal so schnell sind. Aber sie hatten gute Sicht und Radar an Bord.

Die Handelsschiffe liefen konstanten Kurs – von dem TSS of Casquets zu den TSS of Ushant. Die Moody hielt mit dem Selbsteuer senkrecht dazu Kurs, um deren Weg möglichst schnell zu kreuzen. Sie mussten jetzt am Radar prüfen, ob die Schiffe auf Kollisionskurs waren. Aus früheren

Zeiten wusste Hinnerk, dass auch eine Seitenpeilung darüber Aufschluss geben kann, ob Kollisionsgefahr besteht, aber eine Kursänderung des Kollisionsgegners bekommt man dabei nicht mit – und das kann gefährlich werden.

Ein Großcontainerschiff kam von Stb und wurde der Moody gefährlich, sollte der Wind schwächeln und ihre Fahrt unter 8 Knoten fallen und das Schiff nicht ausweichen. Der Wind stand zum Glück durch. Als aber der Pott riesengroß immer näher heranbrauste, bekam Hinnerk doch plötzlich Angst und ließ den Motor zusätzlich starten. Sie hatten Glück, denn sie passierten ein bis zwei Kabellängen vor dem Bug des Angstgegners.

»Verdammt knapp«, Helge atmete erleichtert auf, »da lag kaum mehr als eine Schiffslänge dazwischen.« Dann rechnete er schnell:

»24 Knoten sind ca. 12 Meter pro Sekunde – das weiß ich noch aus den Zeiten des Relinglogs auf unseren Segelkuttern – bei einer Schiffslänge von 240 Meter ergibt es 20 Sekunden, um die unser Untergang verfehlt wurde.«

»Ja, es ist eine echte Sauerei, dass diese Pötte nicht ausweichen.« Hinnerk war auch noch etwas geschockt.

»Im Nachhinein betrachtet, wäre es wohl besser gewesen, rechtzeitig 10° abzufallen und hintenherum zu gehen, zumal ich die Schifffahrt und ihre heutigen ökonomischen Zwänge kenne. Der »innere Schweinehund« will aber immer Recht haben, denn wozu gibt es die Seestraßenordnung mit der Regel: Segelschiff vor Motorschiff.«

Nachdem man der Moody beinahe den Flaggenstock abgefahren hatte, kam sie bald nach Plymouth und am späten Nachmittag war sie bereits in der Queen Annes Batterie Marina festgemacht. Helge, der die Stadt von früher kannte, führte seinen Vater gleich zum Hafenkiosk, wo man die größten Sandwiches der Welt kaufen konnte. Eines, das sie erstanden, reichte quer über den Tisch, sodass sie gemeinsam von beiden Enden essen konnten. Helge machte auch den Stadtführer, um die maritime Vergangenheit von Hafen und Altstadt zu zeigen.

An der schönen Küste von Cornwall segelten sie noch nach Falmouth sowie in die landschaftlich wunderschönen Fjorde Fowey und Salcombe, aus denen 1944 am »längsten Tag«, bei der Invasion in der Normandie,

»… verdammt knapp«

ein Teil der amerikanisch-englischen Armada hervorkam. Die Rückfahrt über den Kanal nach Guernsey war diesmal ohne Probleme. In St. Peter Port lagen sie dann im Päckchen. Aber der starke NW, der sie so schnell zur Insel Guernsey und durch die nördlichen Untiefen brachte, verursachte hier trotz des Sülls unangenehmen Schwell und Fenderverschleiß zum Nachbarn. Nach einem Abschiedsbier am Abend im Pub flog Helge am Morgen zurück nach Hamburg und wenige Tage später kam Christin.

*

Das wirklich milde Klima der Kanalinseln und später in der Bretagne passte so richtig in Christins Wohlfühlskala, umso mehr, als sie gerade eine böse Sommergrippe hinter sich hatte. Also war Seemann Hinnerk zu vielen Zugeständnissen bereit, selbst zu längeren Landgängen.

Ein Großteil der Inseln Guernsey, Jersey und Sark wurden quasi durchwandert und nach Christins Wunsch meistens an den Küsten entlang gesegelt. In St. Heliere wanderten sie zu der Insel mit dem Elisabeth Castle sehr frühmorgens bei Ebbe, weil die Tide diesen Zeitpunkt festlegte. Zur Belohnung für den Frühstart gab es eine viel angenehmere Gratisbesichtigung, da der Kassierer so früh noch nicht auf seinem Posten war.

Die Bretagne mit einer Yacht zu erschließen hat seinen Reiz und seglerischen Anspruch. Von Guernsey kommend mit der Flut den Fluss Trieux hinauf bis zum Hafen Lezardrieux zu segeln, verlangte genaue Navigation, verlief aber problemlos.

Was aber, wenn man bei Ebbe das sandige Ufer des Flusses erkunden will, wie Hinnerk mit seiner Frau. Er hätte es ja besser wissen müssen, dass hier fast 13 Meter Tidenhub möglich und bei den steilen Felsenufern nur an wenigen Stellen Aufstiegsmöglickeiten vorhanden sind. Dass die Flut jedoch mit solchem Tempo zurückkommt, war ihm neu. Ein Zurücklaufen war nicht mehr möglich. Also kletterten sie wie die Bergziegen die steile Wand hinauf und landeten endlich in einem wunderschönen Park. Der Kurs zur nächsten Straße lag an, als die Eindringlinge das Gebell näher kommender Hunde hörten. Der Rückzug war durch das Wasser abgeschnitten und ein rettender Kletterbaum nicht in der Nähe, als auch schon zwei Riesendoggen wie die »Hunde von Bakersville« angestürmt kamen und die Eindringlinge stellten und verbellten. Christin hatte schreckliche Angst, da sie als Kind schon oft von Hunden gebissen worden war.

»Nur nicht ansehen und nicht rühren«, hatte Hinnerk geflüstert. So lange das Stillhalteabkommen hielt, bellten und schnappten die Viecher nur mäßig. Endlich, nach langem Bangen, kam zur Befreiung die Schlossherrin, die ihnen freies Geleit bis zur Straße gab. Christin war nun überzeugt, dass ihr Hinnerk jederzeit, auch an Land, ein Abenteuer provozieren könnte. Zum höchsten Uferberg war nur noch ein kurzer Anstieg, und der dort gebotene schöne Rundblick über die Flussmündung und die äußeren Inseln mit ihren mit Bäumen bestandenen Ufern war eine kleine Entschädigung für die durchgestandenen Schrecken.

Dann wurden die anderen sehenswürdigen Städte besucht, wie das mittelalterliche Treguir und die Stadt Paimpol, deren alter Hafen bei Ebbe über 6 Meter über dem Normal Null (NN) liegt und nur vier Stunden bei Flut offene Schleusen hat. Über St. Malo ging es schließlich nach Jersey, nach England zurück.

Dort waren die wildromantische Nordseite, die wandernd über endlose Blumenlandschaften erschlossen wurde, und ein Abend in einem Bierlokal in St. Heliere mit einer überraschend guten Jazzdarbietung einer Hobbyband die Höhepunkte des Zweitageaufenthalts.

Auf Guernsey nahmen Hinnerk und seine Christin Abschied voneinander bis zum Wiedersehen im Herbst in Hamburg. Christin hatten die Kanalinseln am besten gefallen. Dieser Sonderweg der Inseln in Europa, der ihnen die Steuer- und Sozialgesetzgebung allein überlässt, wie die Beitragsverhandlungen mit der EU bestätigen – der gefiel ihr.

»Hier darf die Kuhmilch noch 4 % Fettgehalt haben, die Jerseykuh muss keine Angst vor fremden Bullen haben, denn sie darf nicht mit Hochleistungsrassen gekreuzt werden und hier darf sogar die Gurke noch klein und krumm sein«, sagte sie und freute sich, »und in Guernsey gibt's am Sonntag keinen Alkohol im Restaurant, ausgenommen zum Essen und generell ist um 23 Uhr Schluss mit lustig im Pub – Freude wartet dann zu Hause. Ein ruhiger Sonntag hat auch was für sich und hier sind zum Glück der Globalisierung Grenzen gesetzt worden.«

9. Von Guernsey nach Hamburg zu Rund Europa 2000

Die nächste Etappe sollte über Südengland, Belgien, Holland und Helgoland nach Hamburg führen. Eckhard Schwarz, der Rostocker Professor, war nun an Bord gekommen und konnte seine Wettervoraussagen mit Hilfe des Wetterkartenschreibers selber ausführen. Die Langzeit-Wettervorhersage aus Rostock hatte ja bisher besser geklappt als die professionellen Berichte. Kommentar von Eckhard:

»Meteorologen sind alle Meteorolügen.«

Vom Spätherbst-Wetter war eigentlich vorwiegend westlicher Wind zu erwarten, das würde Schiebewind sein. Vom Revier her gesehen ist das Segeln wegen der hohen Verkehrsdichte und den vielen TSS-Gebieten eher schwierig. Es wurden daher wegen der Zweimann-Crew nur Tagestörns eingeplant. Nach Hinnerks Devise: »Ernähre dich vordringlich aus dem Lande«, hatte sich zum Calvados aus der Normandie jetzt eine Flasche englischer Whisky von Guernsey gesellt.

Die Kanalinsel Alderney lag am Weg und sollte als Erste angelaufen werden. Dazu berechnete Eckhard den Strom, den sie beim Eintreffen in Alderney haben würden. Der kann dort über 6 Knoten erreichen und war verantwortlich dafür, dass der dortige Mooringplatz in Alderneys Hafen bereits nach knapp zwei Stunden erreicht wurde. Dem auflaufenden Strom entsprechend war inzwischen Hochwasser. Hinnerk und Eckhard wollten ihre Inselbesichtigung haben und paddelten zur nahen Mole. Vorsichtshalber zogen sie das Schlauchboot auf die Mole hoch.

Um den Hafen herum ist alles mit kleinen Wanderungen erreichbar. Eine noch funktionsfähige Bahn mit echten Londoner U-Bahnwagen, die nach Westen führt, war nicht in Betrieb. St. Anne, die Inselmetropole, mit Kopfsteinpflaster und vielen historischen Gebäuden, lag nur einen Kilometer entfernt. Es gibt noch Inselprivilegien. So gibt Alderney – obwohl nur 2.000 Einheimische – eigene Briefmarken heraus, und im Unterschied zu den anderen Kanalinseln darf in den Restaurants sogar bis 24 Uhr ausgeschänkt werden. Die beiden Besucher wollten das aber in der Hafenbar nicht austesten, sondern setzten sich abends ab. Das Schlauchboot lag noch hoch und trocken auf der Pier, aber zum Wassern reichte die 6 Meter lange Leine nicht aus. Was tun? Unter dem Motto »So geht ein Skipper an Bord«, ließ Hinnerk sich das Schlauchboot mit der Leine über den Rücken hängen und kletterte die eiserne Leiter 13 Meter hinunter. Nach dieser stolzen Leistung des Rentners Hinnerk verließen sie das Gebiet der großen Gezeiten und setzten den Kurs ab zum Solent.

Sie steuerten auf die Westeinfahrt, die Needles zu. In der Seekarte wird dort vor »overfalls« gewarnt. Da Starkwind aus SW und auslaufender Strom gegeneinander standen und steile Wellen zu erwarten waren, näherte sich die Moody mit kleinen Segeln, um gegebenenfalls Stauwasser abzuwarten. Bald sahen sie die einheimischen Segler mit Vollzeug durch die Wellen den Solent hineinfahren. Also folgten sie diesen guten Beispielen. Der nächste Hafen, Limington, ist über einen langen schmalen Kanal zu erreichen. Den ging Hinnerk in gewohnter Weise an: Segel runter und Motor an. Inzwischen musste irgendwo eine Regatta zu Ende gegangen sein, denn gerade im schmalen Priel wurden sie rechts und links von Massen von Seglern überholt, die ihnen zeigten, wie man hier fährt.

»Nun geb ich schon Vollgas und die segeln hier vorbei, dass ich glaube wir stehen«, sagte Eckhard.

»Vielleicht ist es der Flachwassereffekt, dass wir nur 7 Knoten laufen«, meinte Hinnerk und war erschrocken, als er nach achtern blickte, »jetzt kommt von achtern und von vorn eine Wight-Line-Fähre – wenn das nur nicht einen großen Crash gibt?«

Aber nun zeigten die Einheimischen, dass sie umeinander herumkurven und haarscharf aneinander vorbeifahren konnten, als wenn es eine stete Übung wie bei einer Regatta wäre, sodass alles problemlos und »cool« ablief.

»Hier im Solent fahren die Engländer dem Teufel noch ein Ohr ab«, kommentiert Eckhard, »bei uns wäre das verboten.«

In der Morgenstille beim Ablegen der Yacht waren rhythmische Schläge am Rumpf zu hören. Eckhard fand sofort eine Erklärung:

»Da ist was im Propeller – und das erklärt, warum wir gestern Abend trotz Vollgas nicht mehr als 7 Knoten gelaufen sind«. Zurück am Steg ließ er sich zum Tauchen überreden, nachdem Hinnerk argumentierte:

»Dreimal habe ich schon diese Tauchübung gemacht – nun ist mal ein Jüngerer dran«.

Eckhard bewies in der nächsten halben Stunde, dass er diese Aufgabe gut im Griff hatte und brachte ein Teil von einem Fischernetz und ein Stück Trosse nach mehreren Tauchgängen herauf. Er hatte sie vom Propeller schneiden müssen.

Den Eindruck eines überfüllten Reviers wurde man während des Segelns im Solent nicht los. Alle Flussmündungen – auch die des Medina Rivers nach Cowes hinauf – waren voll mit Booten an Moorings, und obwohl die Moody sich vorschriftsmäßig auf dem einzigen »boats channel« zur Marina Haslar gegenüber von Portsmouth hielt, wurde sie beinahe von einer großen Fähre gerammt. Noch einige Tage mehr in dem Revier und auch die beiden Segler von der Moody hätten sich noch an dieses Gewimmel gewöhnt.

Ende gut, alles gut, denn allein sechs Stunden für die Besichtigung der drei Museumsschiffe rechtfertigen den Besuch von Portsmouth. Man muss nicht unbedingt ein Bewunderer des Marineschiffbaus sein, wenn man dessen ganze Historie vom Mittelalter bis zur Neuzeit in den drei gut restaurierten Schiffen »HeinrichVII« von 1450 (Baujahr), die »Victoria«, Nelsons Flaggschiff von 1760 und die »Warrior« von 1860 gesehen hat, ist man begeistert. Es ist die Liebe zum Detail (gab es da nicht den stets erkennbaren Blutfleck von Nelsons tödlicher Verwundung auf der «Victoria«) und die bestimmt aufwendige Restaurierung und Wartung wie bei den ehemaligen Dampfmaschinen-Antrieben der »Warrior«, die Bewunderung auslösten. Diese Ausstellungsschiffe spiegeln die goldenen Zeiten des britischen Empire wieder, als das Motto noch galt: »Britain rules the waves«.

In Brighton war direkt vor dem Hafenmeisterbüro der großen Marina ein freier Liegeplatz und die Moody legte – mit Hilfe des Querstrahlruders – elegant an. Dort wurde Hinnerk gleich von einem Engländer bedrängt, der eine Moody Eclipse 43 suchte und sofort kaufen wollte.

Auf diesem Ohr war Hinnerk aber damals noch taub. Dann tauchte ein Herr Hummel auf, ein Segler einer 15-Meter-Ketsch aus Altona, der mit seiner Frau auf der Heimfahrt von Irland hier Station machte. Da gab es natürlich reichlich Gesprächsstoff zum Whisky. Als seine Frau erschien, verabschiedete er sich schnell. In der Erinnerung von Brighton blieben nur eine Riesenmarina mit Eigentumswohnungen und viele Restaurants haften. Bald nachdem Herr Hummel mit seiner Ketsch abgelegt hatte und zwei Stunden vor dem westlich einsetzenden Strom verließen sie Brighton Richtung Dover.

Da der Strom weiter draußen annähernd doppelt so groß ist wie unter Land, nutzte Hinnerk das aus, während Hummels Ketsch unter Land blieb. Bei frischer Backstagsbrise wurde der Blister gesetzt und als sie mittags mit acht Knoten durch das Kinsmans Nab liefen, war von der Mitläuferyacht nichts mehr zu sehen.

Kurz vor Dover fragte Eckhard per Funk bei der Port-Control an, ob das Einfahren erlaubt sei. Sie mussten erst einmal auf Warteposition. Bei schwerer See, ohne stützende Segel, die nun weggenommen waren, ging das Schiff soweit über, dass das Geschirrschubfach aus dem Salontisch sprang und auf den Boden knallte, und Eckhard unter Fluchen gleich daneben. Als nach 15 Minuten die Luftkissenfähre Dover verlassen hatte, durften die wartenden Yachten hinein. Hinnerk legte seine Yacht in das Granville Dock.

Hafen und Stadt waren interessant. Das erwies sich bei der Stadtbesichtigung. Eine Kirche überraschte mit einem wohlklingenden Doppelgeläut. Die Moody-Crew nahm daher auf einer Bank Platz, um das zu würdigen. Zwei große Glocken sahen sie im halb offenen Glockenturm um eine gemeinsame Achse drehen, wobei sie mit ihren geschlossenen Seiten miteinander verbunden waren. Kurze Zeit später erschien eine Trauergemeinde und stellte vor der Kirche den Sarg ab. Hinnerk und Eckhard standen auf, um dem Toten den Respekt zu erweisen. Prompt folgten alle auf den Bänken sitzenden Zuschauer. Das wurde von den Trauernden so gewürdigt, dass sie die Moody-Crew in ihren Zug integrierten. So waren die beiden plötzlich in der Kirche mitten in der Feier. Der Priester beschrieb den Toten als einen Flugzeugkommandanten, der immer tapfer und trinkfest gewesen und gut fluchen gekonnt habe, was man wohl vergeben könnte. Nach der Rede und in der kühlen Kirche gut erholt, verdrückten sich die beiden, um einer drohenden Einladung zum Leichenschmaus zu entgehen.

Sie erklommen den Kalkfelsen und besuchten das Bunker-System, das bereits bei der napoleonischen Invasionsdrohung entstanden war, aber im zweiten Weltkrieg voll ausgebaut und in Betrieb war. Ein Teil davon ist für Touristen gegen Entgelt zugänglich. Es ist schon etwas theatralisch, wie man den realistischen Lazarettbetrieb mit allem Personal und den bluttriefenden Schwerverwundeten im Operationssaal darstellt und dazu ihr Stöhnen und das Geheul von Granaten und einschlagenden Bomben über Lautsprecher ertönen lässt.

Gegen Abend besuchten sie die Hummelyacht. Dessen Skipper war nicht gut auf die Moody zu sprechen: das wäre ja ungerecht mit Spinnaker und so.

»Aus Frust«, meinte später Eckhard, »dass er so weit zurückgeblieben war, hat er sich bestimmt schon abgefüllt. Und an Bord hat er uns auch nicht eingeladen.«

Am anderen Morgen lag plötzlich eine Yacht aus Brunsbüttel neben der Moody und welch Zufall: Sie gehörte einem Kollegen aus Torbens Abteilung. Käpt'n Flint hatte unterwegs von dessen Weltumsegelungsplänen erzählt, und dass der ewig nicht in die Hufen kommen würde. Da gab es viel zu berichten. Dieser Yachtie hatte seine Zelte abgebrochen und sein Haus verkauft, um die Mittel für die Reise zu haben.

Guter Westwind kam wie erwartet. Nach vorschriftsmäßiger Überquerung des TSS hinter Dover hatte die Moody eine »Begegnung der dritten Art«.

»Sieh nur, Hinnerk, von der großen Motoryacht dort werden wir schon seit einer Stunde verfolgt und ständig beobachtet«, Eckhard zeigte achteraus und ergänzte gleich:

»Jetzt wird noch ein Schlauchboot zu Wasser gelassen und hält nun auf uns zu!« Hinnerk war zum Kartentisch gegangen und rief von dort:

»Wir sind gerade in französisches Hoheitsgebiet reingesegelt – wenn das nicht die »Schwarze Gang« ist, soll's mich wundern. Wir fahren unbeirrt weiter.« Das störte aber das Greifkommando des Zolls nicht, als solches gaben sie sich zu erkennen und warfen ihnen während der Fahrt die Leinen quer rüber und machten fest. Von den sechs Uniformierten kamen vier mit MP an Bord.

Zum Glück war Hinnerk in Gibraltar von einem Yachtie gewarnt worden, dass ohne Schiffsregisterrolle oder Flaggenschein die Franzosen das Schiff an die Kette legen würden. Daher hatte Werner Rosen diese Papiere in La Coruña an Bord gebracht.

Die Enterung der Yacht war filmreif. Zwei Mann verschwanden mit vorgehaltenen Maschinenpistolen unter Deck, ein großer Schwarzer blieb auf dem Vordeck und eine schmucke, gut geformte Kommandeuse wendete sich augenblicklich an Eckhard, der auch, wenn er nur mit T-Shirt und Cordhose bekleidet ist, wie ein Dressmann wirkt und charmant sein Schulfranzösisch einsetzte. Davon ließ sie sich allerdings nicht beeindrucken und verlangte ganz sachlich alle Papiere. Als sie nun erfuhr, dass das Boot auch aus dem Mittelmeer käme, gingen einige Kommandos nach unten, wohl um das Schiff auseinanderzunehmen, denn der Skipper sah unten, wie schon die Bodenbretter entfernt wurden. Zielsuche: Drogen, Asylanten, Waffen. Die Zollchefin wurde merklich freundlicher, als sie Eckhards Pass durchlas, und als sie ihn fragte, wo er arbeite. Damit kam der Durchbruch:

»Ah, Professeur. Oh, dans l' Uni...«, so ging das mit den beiden recht nett weiter. Unter Deck fingen sie trotz des Skippers Protest ernstlich an, das Schiff auseinanderzunehmen.

»Manchez!«, ertönte es da laut aus dem Sprechfunk und nach einem Kommando der Chefin war im Nu der Spuk vorbei.

»So sind die Franzosen«, sprach Hinnerk, »nichts geht denen übers Essen!«, freute sich und legte die Bodenbretter wieder ein.

Von Dünkirchen war nur die freundliche, hübsche und hilfsbereite Hafenmeisterin erwähnenswert. Die Stadt, soweit die Crew vorgedrungen war, bot nur moderne Zweckbauten, die wohl nach der völligen Kriegszerstörung entstanden waren.

Das Küstengebiet von hier bis Holland ist durch gefährliche Sände und Strömungen gekennzeichnet. Dazu kam noch starker Wind von vorn, sodass das Kreuzen nach Zeebrügge abgebrochen wurde mit der zusätzlichen Begründung:

»Manchez!« – und der Spuk war vorbei.

»Muss nicht sein im Urlaub!«

Es wurde stattdessen Oostende angelaufen. Das war ein guter Entschluss im Hinblick auf den Erlebniswert dieses wunderschönen alten Seebades.

Die Moody lag gleich hinter der Einfahrt im Montgomery Dock. Von dort ist es nur eine halbe Meile bis in das Zentrum. Beim Ausflug der beiden Bordsfreunde dorthin mussten sie an der einmaligen Reihe von Fischbuden vorbei. Diese Verkaufstände bieten so unvergleichlich leckere Fischsachen in allen Varianten, dass beide nach einigen hundert Metern so vielen Verführungen erlagen und sich erst mal auf das Boot zum Nachspülen zurückziehen mussten.

Gegenüber dem Bahnhof, mitten im Zentrum, gibt der Anblick der tidenfreien Yachthäfen mit dem Wald ihrer Masten besonders unter nächtlicher Stadt- und Reklamebeleuchtung ein unwirklich romantisches Bild.

Vom erwarteten Badeleben am herrlichen Sandstrand war zumindest an diesem Augustwochenende trotz milder Sonne nichts zu sehen, wenn man von den beiden Moodyseglern in der Nordseebrandung absah.

Genauso wie von Oostende waren Eckhard und Hinnerk auch vom anschließenden Ausflug nach Brügge und einer dortigen Grachtenfahrt begeistert.

Die zurückgelegte Strecke von 75 Seemeilen nach Scheveningen in 13 Stunden gab keinen Grund zum Meckern. Das TSS von Rotterdam hatte kaum Schiffsverkehr – vielleicht wurde deshalb auf die vorgeschriebene Funkanfrage überhaupt nicht reagiert oder weil Sonntag war. Von Scheveningen und auch von Den Haag, das mit der Bahn besucht wurde, blieb vom Kurzbesuch nichts Erwähnenswertes in Erinnerung, außer der guten Fish & Chips am Hafenkiosk und den Flaschen Olde Genever, die gebunkert wurden.

Nach Den Helder als Übernachtungshafen wurde die Insel Ameland angelaufen. Der geräumige, aber idyllisch am Ostende der Insel gelegene Hafen mit sehr schmaler Einfahrt, ist ein Treffpunkt vieler großer und kleiner Sportsegelboote. Diese naturbelassene Insel wurde noch nicht von der Touristikindustrie entdeckt und verführte zu zwei Tagen Aufenthalt. Bei der Fahrradumrundung der Insel ergab sich ein absolut sicher wirkendes Fitnesstraining, als beim Umkehren am Ende der Insel die Luft in

Hinnerks Hinterrad abging: Es galt schnell aufzupumpen (Armtraining) und gezwungenermaßen schnell zu fahren (Beintraining) bis das Rad durchschlug, und das wiederholte sich in schneller Folge. Hinnerk kam auf diese Weise schweißtriefend an, ohne dass er das Rad 20 Kilometer weit hätte schieben müssen.

Borkum war der erste deutsche Hafen, in dem wegen stürmischem Wetter festgemacht wurde. Das Segeln von dort nach Helgoland war früher eine einfache Sache: Kurs abgesteckt und los. Wer heute so verfährt, der wird von der Küstenwache gestellt, muss 2.000 DM zahlen oder, wenn er verweigert, können entsprechende Wertgegenstände gepfändet werden. Bei diesem Kurs muss man nämlich das Verkehrs-Trennungsgebiet überqueren. Ein Segler sollte sich also wohlweislich das Seehandbuch vornehmen, in dem erläutert wird, dass das Queren des TSS Terschelling-Deutsche Bucht unter Strafe verboten ist. Folgsam segelten sie daher erst mal östlich mit halbem Wind bis südlich Helgoland und dann musste gegen den Nordwind aufgekreuzt werden. Die Segler müssen kreuzen und die Dampfer haben nun überall Vorfahrt. Dachte Hinnerk: »Den en sin Uhl, is'n annern sin Nachtigal«.

In Helgoland war Anfang September die Saison schon zu Ende. Noch galt Helgoland als Zollausland, und sie tankten was möglich war, denn Alkohol und Dieselöl sind wesentlich billiger als an Land. Selbst der Parfümerieladen wurde aufgesucht, wo Hinnerk drei Fläschchen ausprobierte:

»Passend für eine große Blonde«, meinte er und ging jedes Mal raus, um zu schnuppern, »hier drin riecht's ja nach allen Düften Arabiens, wer kann die Spezialgerüche da schon auseinander riechen!« Dann hatte er etwas gefunden, das er geruchsmäßig tolerieren konnte und akzeptierte den Preis.

Eckhard hatte es einfacher. Er holte einen Zettel aus der Tasche mit einer Aufzeichnung: »Chantal 101«; oder etwas Ähnliches, jedenfalls bekam er ein Fläschchen und sagte: «Das ist ein Wunsch meiner Frau – will trotzdem mal raus zum Probieren». Ganz blass, aber ruhig kam er wieder rein. »Nehme ich«, sagte er.

»Ist was?«, fragte Hinnerk später beim Rausgehen. »Ist ja ganz schön teuer, bestimmt was ganz Tolles.« Eckhard griente und lachte:

»Ist doch egal. Das hat sie sich gewünscht und soll sie haben. Nur wenn sie es drinnen zum Frühstück auflegt, dann esse ich eben im Freien!«

»Da sieht man es mal wieder«, dachte Hinnerk, »Segler sind schon starke Charaktere.«

Mit konstant günstigem Heimatwind tauchte die Moody von Cuxhaven kommend vor Wedel-Yachthafen auf. Viele merkwürdige Erlebnisse hatte Hinnerk mit ihr schon gehabt, aber zum Schluss dieses Törns steigerte sich die Moody noch einmal.

Das Hochwasser war gerade aufgelaufen. Vor dem Yachthafen konnten in Ruhe und ohne Strömung die Segel verstaut werden. Mit dem Motor ging es dann durch die Einfahrt und hin zum Gastliegesteg. Vor dem Steg kuppelte der Skipper aus. Aber dann trat das Unerwartete ein, es waren garantiert nur noch 50 Meter bis zum Ziel nach mindestens 5.000 Seemeilen von Griechenland. Hinnerk war fassungslos – das Getriebe ließ sich nicht umsteuern!

»Ich muss noch einen Aufschießer gegen den Wind machen«, sagte er sich, »dann schnell zum zweiten unabhängigen Steuer-Stand in die Kajüte, um damit am Steg abzustoppen.« Aber dann passierte es zum Schluss! Auch dieser Fahrstand versagte und das Schiff fuhr – etwas gebremst lediglich durch den Aufschießer – mit dem Bug auf den morschen Holzsteg auf. Doch Eckhard brachte die Leinen an Land und das Boot war zu Hause. Spätere Untersuchung gab die Erklärung: Hinnerks superschnelle Reaktion hin zum zweiten Fahrstand war die Ursache, dass der erste Hebel nicht in der Nullstellung gelegt war. Damit war auch der zweite Fahrhebel blockiert.

Aber weder der Steg noch das Boot hatten sichtbare Schäden erlitten, nur Hinnerk war immer noch kopflos über diese Folge von unwahrscheinlichen Fehlern. Kein Wunder, dass er etwas ungewohnt reserviert reagierte, als ihn in diesem Moment seine liebe Frau am Steg in die Arme nahm. Er war gerade dabei, den Zufall zu bewerten, der ihn hier erreicht hatte. Nach der Wahrscheinlichkeitsrechnung ergibt sich bei 50 Meter zu dem gefahrenen Weg von 10.000 km, dass ein Fehler nahezu null-wahrscheinlich wäre, denn

50 m / 10.000.000 m = rund Null.

Wie konnte Christin, die fast zehn Wochen auf Hinnerk gewartet hatte, Hinnerks gedankliche Abwesenheit bei der Begrüßung verstehen? Da gab es vorerst keine Erklärung – Christin war anfangs maßlos enttäuscht.

10. Augustenborg, St. Petersburg, Helsinki in Europa Rund 2002

Die Segelsaison 2001 verlebte Hinnerk mit Frau Christin auf einem Ostseetörn bis Stockholm über die Inseln Bornholm, Öland und Gotland und zurück mit seinen Freunden Bernd Walter und Eckhard Schwarz durch die Schären Schwedens.

Als Beispiel vieler spaßiger Geschichten der Seniorenreise soll nur eine wiedergegeben werden, zu der nur gestandene Rentner fähig sind.

*

Karlskrona ist der größte Kriegshafen Schwedens. Während der Großmachtpolitik Schwedens, erst 1680 gegen das aufstrebende Russland gegründet, war der Hafen für alle ausländischen Segler bis vor kurzem tabu. Bis mit der Wende die russische Gefahr vergangen war, durfte niemand hinein.

Die Moody-Crew ließ daher einen Besuch nicht aus. Und selbstverständlich wurde die berühmte Marinekirche besucht. Der maritime Charakter ist sogar an den Aufschriften der Sitzbänke zu sehen, die auf die unterschiedlichen Regimenter der Marineinfanterie hinweisen. Professor Schwarz, der gleichzeitig Hobbykantor mehrerer mecklenburgischer Kirchen ist, interessierte sich vornehmlich für die alte Orgel. Dort auf der Empore blockierten vorsorglich Stühle den Zugang. Doch die Stühle ließen sich wegrücken, und Hinnerk fand schnell den versteckten Knopf, um die Orgel auf elektrischen Betrieb zu stellen.

Dem Eckhard juckten ganz heftig Hände und Füße, diese berühmte Orgel auszuprobieren. Hinnerk gab Signal, als die Aufsicht verschwand. Die vielen Besucher einschließlich einer geführten japanischen Gruppe zuckten zusammen und schauten erschrocken nach oben, als plötzlich die gewaltigen Töne einer Fuge von Bach die Kirche erfüllten. Viele nahmen Platz, um mitzuhören, und Hinnerk ging langsam nach unten, um den Küster gegebenenfalls abzufangen. Es dauerte auch nicht lange, bis er erstaunt erschien und Hinnerk ihn ansprach. Er konnte ihm verständlich machen, dass hier ein großer deutscher Künstler aus Rostock die Orgel testen würde und das wäre doch ein Gewinn, o.k.? Die Kirchenaufsicht war beeindruckt und nickte.

Nach einem halbstündigen Vortrag hätten sie die Bordkasse aufbessern können, ob er denn sammeln solle, überlegte Hinnerk laut. Aber der getreue Eckhard schüttelte den Kopf und meinte: »Geben ist seliger als nehmen.«

*

Die Vorbereitungen für den Besuch von St. Petersburg für die Fortsetzung des Europa-Rund-Törns begannen schon Monate vor dem Reisetermin mit Beschaffung von Visa, Versicherungen und Spezialseekarten. Der Ausgangshafen war Augustenborg auf Alsen. Ende Mai 2002 war der Start mit den Freunden aus alten Rostocker Zeiten Bernd und Eckhard geplant.

Bernd Walter gehörte zu der aussterbenden Spezies von Ehemännern, deren Frau ihren Beruf mit der Ehe zugunsten von Familie, Kinder und Haus aufgegeben hatte. Er hatte bereits auf früheren Reisen darin eine Schieflage gesehen, dass immer Hinnerk an Bord das Essenkochen übernehmen musste. Um das abzustellen, hatte er bei seiner Frau einen Schnellkursus im Kochen durchlaufen. Seine neue Kompetenz wollte er noch vor dem Auslaufen durch ein tolles Essen unter Beweis stellen.

Er wagte sich gleich an eine anspruchsvolle südländische Fischsuppe heran, für die in einer Großaktion viele große und kleine Zutaten eingekauft wurden. Während die letzten Fuhren von Aldi aus dem Auto in die Schapps verstaut wurden, war Bernd in der Kombüse voll aktiv und ging wohl analytisch und konstruktiv vor, als ginge er eine neue Promotion an. Verwundert sah Hinnerk Bernds zaghaftes Umrühren des vollen Topfes, das mit halb getauchtem Löffel an der Oberfläche erfolgte.

»Nur keine Kritik«, sagte er sich und laut zu Bernd, »es riecht doch schon recht lecker.«

Damit ermutigt fragte Bernd: »Da steht ›Würzen mit Chilipfeffer‹, wie viel, meinst du, nehme ich da?«

»Der ist stark, nicht übertreiben«, rief Hinnerk ihm zu.

Nun, was lange währt, wird gut: Endlich kam Bernds Fischsuppe auf den Tisch mit frischem dänischen Weißbrot sowie dem »Lebensverlängerer«, dem Rotwein. Zum Glück war die Suppe sehr heiß und alle nahmen nur einen kleinen Schluck. Darauf erfolgte zunächst nichts, denn keiner bekam den Mund so schnell wieder zu; es brannte wie Chili pur im Mund. Aber abgelöscht mit viel Rotwein, war Hinnerk der Sprache bald wieder mächtig.

»Mit der Schärfe hast du nicht gespart; hast du denn nicht probiert?«

Da guckte Bernd ganz unschuldig mit großen, blauen Augen:

»Wieso probieren, so mit dem Löffel aus dem Topf? Das kann man doch nicht, das wäre doch unhygienisch!«

Eckhard, der sich zum Thema Essenkochen immer rausgehalten hatte, wurde nun auch unsicher und warf ein: »Also ›try and error‹ – das kann tödlich sein«.

»Da die Suppe kocht, kann nichts unhygienisch sein, weil dabei alles sterilisiert wird«, Hinnerk versuchte es von der praktischen Seite, »abschmecken zum Schluss, das ist das Wichtigste. Wir alle haben schon Lehrgeld gezahlt und nur der gute Wille zählt. Ich fische einige Stücke heraus und mit Rotwein und Brot wird es schon gehen.«

Und so war es erträglich. Nur Eckhard, der sonst hart im Nehmen und kein Kostverächter war, passte gleich und ersetzte die Suppe durch den Wein. Bernd, der eigentlich mehr Mut als Eckhard bewiesen hatte, hat nie wieder einen Kochversuch an Bord unternommen, aber er war stets ein zuverlässiger Experte für das Abwaschen.

*

Bis zum Abend stand der mäßige Nordwind durch, sodass eine Nachtfahrt beschlossen wurde. Ohne Probleme verlief der Törn durch den Kleinen Belt und den Fehmarnbelt nach Warnemünde. Im Alten Strom, dort, wo früher der DDR-Grenzposten war, lagen sie in altvertrauter Umgebung. Bernd fuhr heim Richtung Kiel, und Torben mit Freundin Helga kamen an Bord.

Als es auf Fahrt zum ersten Zielort Danzig losgehen sollte, stand ein starker Westwind auf das längsseits am Steg liegende Schiff, das durch im Päckchen liegende Nachbarn vorn und hinten eingerahmt war. Es war eine bekanntlich schlechte Situation, die durch Querstrahler und mit Abdrück-hilfe kaum zu meistern war. Das »Dampfen in die Spring« war wegen der Kaipfähle nicht möglich.

Eckhard und Hinnerk – unter Blister an Kap Arkona vorbei.

Wie auch immer, beim dritten Versuch klappte es halbwegs mit kurzem Rutschen am Spiegel des außen im Päckchen liegenden Holzschiffes ent-lang. Dann waren sie frei und motorten die schmale Rinne unter Meckern einiger Sehleute raus aus dem Alten Strom. Obwohl nichts am Rumpf der Moody zu sehen war, wollte Hinnerk so nicht die lange Reise beginnen. Hinter der Mittelmole war eine Umkehr leicht möglich – es wurde eine Entschuldigungsrunde gedreht. Längsseits gegangen an der Holzyacht, schrieb Hinnerk sein Entschuldigungs-Schreiben mit Adresse, da der Eig-ner an Land war.

Im Herbst fand Hinnerk zu Hause ein Antwortschreiben des Bootseigners, dass er den »Schaden« mit einem feuchten Tuch abgewischt habe und sich vielmals für das faire Verhalten bedanke. Das ging natürlich dem Hinnerk runter wie Öl, besser sogar als Rotwein.

Der NW hatte die Moody die 280 Seemeilen bis vor Danzig gebracht. Dort würde bald die Stunde der Wahrheit sein, denn Hinnerk hatte aus Erfahrung weit mehr Alkohol als zulässig dabei: 22 Flaschen Wein, sechs Flaschen mittelprozentigen Portwein und acht Flaschen Hochprozentiges, sowie 30 Liter Bier (zählt nicht).

Das konnte nach Hinnerks Erfahrungen beim Zoll viel Geld kosten, und er versuchte auf alte Weise die Mengen zu reduzieren, 80 % der Spirituosen so zu verstecken, dass nur eine Demontage des Bootes zum Auffinden führen würde. Der Rest musste angetrunken werden, da aufgemachte Flaschen normalerweise nicht zählen. Letzteres führte aber bald zur Aufnahmegrenze von Eckhard und Hinnerk. Als Käp'n Flint diesen Zustand erkannte, wurde er nervös. Und das, obwohl seine vielen Seefahrtsgeschichten dazu im Widerspruch standen. Nach früheren Reden wäre er ja mit seinem Boot fast jedes Wochenende nach Helgoland ins Zollausland gesegelt und habe Spirituosen und Tabak in Massen zurückgeschmuggelt. Ob man ihn letztlich dabei erwischt hatte, drakonische Strafen sind dafür bekannt? Nun aber passierte etwas Überraschendes! Plötzlich, eine Seemeile vor Danzig, wurde Torben aktiv.

»Mit dem Schmuggel will ich nichts zu tun haben; ich bin raus, weil ich jetzt meine zwei Flaschen Wein über Bord schmeiße!« Und ehe Hinnerk protestieren konnte – weg waren seine Rotweinflaschen.

»Also, damit ihr informiert seid, Skipper bin ich«, meinte da Hinnerk, »und wenn was zu bezahlen ist, dann bin nur ich dran!«

Die Grenzbeamten kontrollierten nur die Pässe, der Zoll würde wohl im Hafen kommen. So fuhren sie die Motlau aufwärts. Aber als das Denkmal der Westerplatte näher kam, schlug Eckhard vor:

»Wir sollten dort die Flagge dippen und den polnischen ersten Opfern des Ersten Weltkrieges unseren Respekt erweisen.« Dem Rat wurde gefolgt, indem sich alle in Reihe beim Flagge-Senken aufstellten, was auch von der polnischen Wache gewürdigt wurde. Vielleicht war das der Grund, dass sie so gut behandelt wurden, denn kein Zoll oder andere Behörden ließen sich später blicken. Nach zwei Tagen Stadtbesichtigung und Restaurantessen, das preiswerter war, als sie es an Bord kochen könnten, dachten sie ans Weiterfahren. Versorgt mit Danziger Goldwasser und Bärenfang wurde der Schiffsbug Richtung Memel gedreht.

Gegenüber der Altstadt von Memel, die recht gut erhalten oder restauriert worden ist, dicht neben der Fährstelle auf Sandkrug, lag am Abend die Moody im Seglerhafen gut geschützt. Von dort wurde auch ein Busausflug nach Nidden gemacht und die größte Wanderdüne der Kurischen Nehrung besucht. Zurückgekehrt schlug das Schicksal für Eckhard zu: Ein Telefonanruf seines Sohnes bewirkte, dass er umgehend heimflog, weil sein Reetdachhaus total abgebrannt war, zum Glück ohne direkten Schaden für Frau und Kind.

Die Reise nach St. Petersburg wurde dennoch nicht gestrichen, da mit Käpt'n Flint und dem »Isern Hinnerk« auch noch Nachtfahrten möglich waren. Helga war zwar an Bord, aber als Ruderwache, Deckswache oder in der Kombüse nicht einsetzbar. Sie aß zwar hin und wieder mit, aber das Kochen hatte ihr wohl Käpt'n Flint abgewöhnt, der an Bord ja bekanntlich nur Trockenfutter isst. Mit Klaipeda (Memel) wurde auch Litauen verlassen und Liepaja (Liebau), der ehemals größte sowjetische Kriegshafen angesteuert. Ein- und Auslaufen dieses Hafens ist immer noch wegen der vielen Wracks aus dem letzten Krieg nur mit großen Umwegen möglich. Obwohl der Yachtschlengel sehr weit in der Altstadt lag und die Restaurantpreise noch preiswerter als in Danzig waren: einen Tag, mehr war der Crew die Stadtbesichtigung nicht wert.

Der nächste Haltepunkt hieß Ventspils (Windau), eine schöne sehenswerte Stadt, von der auch eine Bahnfahrt nach Riga unternommen wurde. Die anhaltende Hochdrucklage des Wetters mit NO-Winden bestimmte den weiteren Kurs westlich um die estnische Insel Ösel herum. Der einzige Hafen Veere war gleich neben dem Steg sehr flach und hatte nicht die im Hafenhandbuch versprochenen Heckbojen. Sie waren einziges Schiff im Hafen und legten die Moody längs an den Steg. Die Insel machte einen menschenleeren und öden Eindruck.

Auf dem Wege nach der nächsten Insel Dagö fiel der »wichtigste Mann«
aus, der »Isern Hinnerk«. Vor Wind und Wellen fuhr die Yacht plötzlich
Kurven und Kreise – also musste ständig Ruderwache gegangen werden.
Lethama im Nordosten der Insel ist ein etwas einladender Hafen mit einem
Restaurant. Hier bekam die Moody-Mannschaft das beste und ganz gewiss
das preiswerteste Essen, das es bisher gab: Großes Fischessen mit Kartoffeln
und Gemüse, sogar mit Biergetränken für 4,50 Euro, aber nicht je Person,
sondern für alle drei Gäste! Auch Dagö machte in diesem Teil der Insel
einen verlassenen Eindruck. Hinnerk dachte an die Postkarten seines Vaters
von diesen Inseln aus dem Jahre 1917 nach der Eroberung durch das Lini-
enschiff SMS Prinzregent Luitpold, auf dem dieser 18-jährig mitgemacht
hatte. Die Häuser hatten auf den Bildern noch Reetdächer und geflochtene
Holzzäune davor – das hat sich zumindest geändert.

Am kommenden Morgen steuerten sie bereits in den Finnischen Meer-
busen hinein. Jetzt wurde dem Skipper immer deutlicher, dass eine Entscheidung erforderlich war – Reparatur des Selbsteuers oder Verzicht auf
St. Petersburg. Andernfalls hätten sie ständig Wache gehen müssen. Ohne
Reparatur wäre die 250-Seemeilen-Fahrt in den russischen Teil des Finnischen Golfs nicht zu verantworten, da bekanntlich das Anlaufen eines
russischen Hafens bis Kronstadt nicht erlaubt ist, also Nachtfahrt bedeuten
würde. Per Handy ließ Hinnerk sich über seine alte Schiffselektronik-
Entwicklungsabteilung in Hamburg beim richtigen Service in Helsinki
vormerken. Also Kurswechsel: Nicht Tallinn, sondern Helsinki.

Dann fand er die Schaltpläne des Autohelmselbsteuers und aktivierte
seine langjährige Berufserfahrung. Wenn die Regelung ausfiel, waren zu
90 % die Eingabegeräte die Fehlerquelle, hier also der Ruderlagengeber
oder der Führungskompass. Käpt'n Flint hatte eine absolute Aversion gegen
ungeklärte Fehler und schonte keine Deckenverkleidung oder Bilgenver-
schalung, bis er nach vier Stunden intensiver Suche den Fehler gefunden
hatte:

Der Magnetkompass sollte an der ruhigsten Stelle im Schiff befestigt
werden, das ist unter der Innenkoje der Gästekabine. Da aber waren die
Aldidosen verstaut worden, die bei dem Seegang wackelten und den Stütz-
kompass ablenkten! Nach dem Entfernen der Blechdosen steuerte ihr drit-

ter Mann, der »Isern Hinnerk«, wieder präzise – aber nun auf das neue, alte Ziel, nach Tallinn.

Wieder hatte sich Hinnerks alte Erkenntnis aus der Reparaturfahrt im Mittelmeer bewahrheitet: Mach alles selber, da lernst du das Boot am besten kennen!

Die alte Hansestadt Reval, das heutige Tallinn, hat ihre Atmosphäre in der Altstadt bis heute erhalten und nur die große orthodoxe Kathedrale zeugt noch von jahrhundertealter Dominanz der Russen. Eine typisch russische Hochzeit konnte Hinnerk dort drinnen noch erleben. Der Yachthafen ist nur wenige Stationen mit der Straßenbahn vom Zentrum entfernt. Er lässt in der etwas großzügigen Bauweise noch erkennen, dass hier vor Jahren die Segelolympiade der Sowjetunion stattgefunden hatte.

Die Russlandfahrt startete hier und verlief dank gutem Blisterwind recht schnell. In Kronstadt wurde die Fahrt abrupt unterbrochen, denn ab hier begann die Bearbeitung der Formalitäten. Die Betreuerin, Frau Bykowa, empfing die Moody-Crew sehr deprimiert und eröffnete ihnen, dass neuerdings neben der Zollabfertigung in Kronstadt jedes Besucherboot noch über den Seekanal zum Passagierterminal zur Passabteilung müsse und danach erst zum Yachthafen versegeln darf (15 Seemeilen Umweg). Das ginge so alles seinen sozialistischen Gang.

In Tallinn hatten sie einen Stuttgarter Segler, Paul-Gerhard, kennen gelernt, der mit Frau und Boot »Christine« zugleich mit ihnen nach St. Petersburg aufgebrochen war, aber im letzten estnischen Hafen Narva Station machte und daher zwei Tage später ankam. Während die Moodyleute von Frau Tatiana Bykowa durch die Sehenswürdigkeiten der Stadt kutschiert wurden, erhielt sie einen Handy-Hilferuf von Paul-Gerhard. Der war in seiner schwäbischen Gemütsruhe unter Umgehung der Passstelle direkt zum Yachthafen gefahren und dort festgesetzt worden. Frau Bykowa entließ ihre Gäste und düste los, um dem Freund zu helfen. Mit einem Lotsen an Bord musste Paul-Gerhard seinen Törn zum Passagierhafen nachholen, wie jedes große Kreuzfahrtschiff über den Seekanal. Kennzeichnend für die Situation ist, dass dort an der Hafeneinfahrt noch riesengroß der alte Stadtname LENINGRAD prangte. Für die direkte Zufahrt zum Passagierkai aus dem Haff soll es inzwischen neue Seekarten geben, die mit der alten Heimlichtuerei Schluss machen. Mit diesen Seekarten kann man die Verbindung von der großen Newa (Passagierhafen) zur kleinen Newa (Zentraler Yachthafen) streckenmäßig halbieren.

Etwas zum russischen Clubstandart in 2002: Trinkwasser- und Stromanschluss sowie Duschen: Fehlanzeige. Die Toilette war nur mit Gummistiefeln betretbar. Frau Bykowa behauptete jedoch, dass es einen Club mit Duschen weiter nördlich geben solle. Aber die Stadt ist trotzdem eine Reise wert, wie ihnen ein Yachtie im Yachthafen bestätigte, der schon zum zweiten Male da war.

Es wurde von der Betreuerin vor Diebesbanden vornehmlich in den Trolleybussen gewarnt. Besser sei die Metro. Bei der Heimfahrt von Zarskoje Selo und anschließendem Essen auf dem Newskiprospekt – die Tour hatten die Moodyleute selbst organisiert – passierte es jedoch gerade in der Metro. Hinnerk geriet beim Einstieg in ein von den Dieben inszeniertes Gedränge. Die im Wagen Stehenden ließen ihn nicht durch und von hinten wurde heftig gedrückt. Erst beim Ausstieg merkte er, dass die Geldbörse mit Checkkarte, Ausweis und allem Wichtigen gestohlen worden war. Die Checkkarte konnte an Bord per Handy sofort gesperrt werden, sodass der Verlust in Grenzen blieb. Abends zogen die Gästeboote Bilanz:

Nur der Deutsche, der zum zweiten Mal zu Besuch in St. Petersburg war, war ohne Schaden davongekommen, indem er das Geld seiner Frau zur Aufbewahrung in ihren Büstenhalter gab. So hatte er selbst gar nichts dabei, als er beim Spazierengehen auf dem Newskiprospekt von vier stämmigen Russen umgeben und im Gehen vollständig abgesucht wurde. Er konnte die Typen gewähren lassen und anschließend auslachen. Von den sechs Gästeyachten waren Leute von fünf Yachten am selben Tag um erhebliche Summen bestohlen worden. Einem Engländer war der Diebstahl seines Brustbeutels absolut unerklärlich.

Andererseits muss man die Freundlichkeit und Hilfsbereitschaft vieler Einheimischer erwähnen. Zum Beispiel improvisierte Frau Bykowas Sohn das Tanken von Dieselöl für 40 c/Liter, indem er es für die Moody in großen Kanistern von einer Tankstelle mit seinem PKW herbeiholte.

Von den vielen Sehenswürdigkeiten in St. Petersburg sah Hinnerk eigentlich kaum etwas, da ja das Besichtigungsprogramm der Frau Bykowa unterbrochen wurde und Käpt'n Flint früher nach Hause drängte, um kurzfristige Termine wahrzunehmen. Sie mussten los, ohne auf günstige Winde warten zu können, wie es sich im Urlaub eigentlich gehört. Um wieder aus dem »Sack« herauszukommen, sollte wenigstens kein Sturm entgegenstehen. Altsegler Erdmann hatte in einem Interview der YACHT einmal auf die Frage nach seinen Erfahrungen über den Finnlandgolf bis nach St. Petersburg geantwortet, man müsse halt sehen, wie man aus dem Sack wieder herauskomme.

Ein freundlicher Nachbar druckte ihnen eine Wettervorhersage mit folgendem Langzeit- Seewetterbericht von Hamburg aus:

Finn. Meerb. (60.0N 25.8E)		W ind/Wellenhöhe
DO 20.6.	00ZZ	SW 4-5 / 1m
DO 20.6.	12ZZ	SW 5 / 1m
FR 21.6.	00ZZ	SW-W 3-4 / 0,5m
FR 21.6.	12ZZ	NE-E 4 / 0.5m
SA 22.6.	00ZZ	W-NW 5 / 1m

Dies sah nicht so schlecht aus. Also ging es Donnerstagnachmittag los. Vorher jedoch war die Pflichtrunde zum Passagier-Hafen fällig. Dort hatte ein großes Kreuzfahrtschiff seinen Festmacher so weit an der Anlegepier verlegt, dass auf der Leepier kein Anlegen möglich war. Die Luvseite der Pier war nur für Riesenschiffe geeignet. Da war mit Hinnerk nichts zu machen und er kreuzte eine gute Stunde vor der Pier, bis Frau Bykowa über die Passbehörde und den Kreuzfahrerkapitän die Verlegung der Festmachertrosse erreichte und er dort anlegen konnte. Alles nur wegen der Abstempelung von Papieren, denn niemand kam an Bord. Danach ging es endlich los.

Die Wetterberichte passten sich ständig den neuen Wetterentwicklungen an, sodass am Freitag die erste Sturmmeldung für den Finnlandgolf erfolgte. Schlimm wurde es dann am Abend südwestlich der russischen Insel Hogland. Bei Bft 8 musste die Sturmfock her. Hinnerk reffte vorher Groß und Genua ganz weg. Torben, mit Gurt gesichert, setzte die Sturmfock. Mit 40 Jahren, mit Nordsee-Erfahrung und meistens als Einhandsegler mit eigenem Schiff, ist er auch mit einem Bein sturmerprobt. Sie konnten mit den 3-4 Quadratmetern der Sturmfock hoch am Wind mit fast vier Knoten Fahrt anliegen. Zum Glück war es dunkel – man sah die Wellen nicht so deutlich. Obwohl einige russische Schären wenige Seemeilen in Lee lagen, sah Hinnerk plötzlich einige gewaltige Brandungswellen konzentriert voraus, und ängstlich geworden, schrie er es seinem Mann ins Ohr. Torben war da cooler – er erkannte sofort, dass das nur die von der Abendsonne durch Wolkenfenster beleuchtete Wasseroberfläche war. So war die Seeoberfläche jetzt überall bei im Mittel knapp 50 Knoten Wind.

Wellen und Wind nahmen zu und das Boot konnte die Höhe nicht mehr halten. Inzwischen überquerte es das Verkehrstrennungsgebiet, ohne ein Schiff zu sehen. Bei Annäherung des finnischen Schärengebietes wurde die Wassertiefe geringer und die See gefährlich steil, sodass sie eine Halse machten und dann auf südlichem Kurs beilagen. Die Windanzeige pendelte um 57 Knoten, in Böen über 60 (schwerer Sturm Bft 11 und in Böen Stärke 12).

Die Hundewache überließ er jetzt Torben und löste ihn absichtlich eine Weile nicht ab. Hinnerk war sauer auf seinen Cousin, der nicht unschuldig an der Situation war.

Einmal, weil er ihn entgegen der Planung quasi gezwungen hatte, früher abzusegeln. Obwohl noch gut zwölf Tage Zeit waren bis zu Christins Ankunft in Helsinki. Und es wäre noch genug Zeit für Besichtigungen in St. Petersburg gewesen.

Zum anderen hatte Torben seine Freundin Helga als vollwertige Seglerin angepriesen, und sie war in dieser Nacht nur mehr Ballast als Hilfe, da sie den Deckswachenplatz in der Deckskabinenliege beanspruchte und wegen Seekrankheit nicht in die unteren Kabinen gehen konnte. Also musste Hinnerk runter.

Als Käpt'n Flint nach zwei Stunden merkte, dass Hinnerk ihn bei dem Sturm nicht ablöste, rief er doch nach dem Skipper. Der saß jedoch fest verkeilt auf der Toilette, soweit das möglich war. Gerade bei dem notwendigen Wischvorgang traf ein Kaventsmann das Schiff und da half kein Festklammern: Hinnerk flog mit der frischen Botschaft in der Hand durch die Tür und die angrenzende Kabine gegen die nächste Kabinentür, die er auch zerstörte, indem er die unteren Scharniere ausriss. Er verprellte sich zwar die Schulter, aber er sortierte sich wieder und zog sich für die Steuerwache um.

Es war die Mittsommernacht, die wohl überall im Norden gefeiert wurde, aber heute war hier draußen durch die dichte Wolkendecke ziemlich dunkle Nacht. Ein Blick durch das kurzzeitig geöffnete Schiebeluk gab einen Ausschnitt auf die heranrollenden, mit Schaumkränzen bedeckten Wellenberge frei und auf das erstaunlich gute Seeverhalten der Moody Eclipse, die diese Berge hinunterschoss, um sich stetig wieder auf den nächsten Abhang hinaufzuarbeiten, ohne von dem oberen Brecher viel in die Plicht abzukriegen.

Angst hatte Hinnerk nicht, aber er wollte seiner Christin mitteilen, wo er war, falls etwas passieren sollte. So telefonierte er mit ihr, gab seine Position durch, damit man wusste, wo er eventuell stranden könne, da einige unbewohnte Schären in Lee lagen. Aber, dass bis jetzt keine Gefahr bestehe. Christin war aber so beunruhigt, dass sie den Sohn Helge informierte, der den finnischen Coastguard anrief. Von diesem erhielt er die beruhigende Nachricht, dass die Orkan-Windstärken nur drei Stunden angehalten hätten und es nun weniger würde. Kurz vor drei Uhr übernahm Hinnerk das Steuer. Das Boot hatte doch gut zwei Seemeilen nach Lee verloren. Als das Schiff sich langsam der estnischen Seite näherte, fuhr Hinnerk eine Halse und als der Wind etwas zurückdrehte und abnahm, setzte er wenige Quadratmeter des Groß als Trisegel – das bewährte sich gut, sodass er schneller vorankam und am späten Morgen finnische Schären in Sicht waren. Mit den vier Quadratmeter des Großsegels machten sie etwas West gut und weiter ausgerefft hatten sie es unter der finnischen Küste bei Bft 7 überstanden und konnten aufkreuzen. Am Nachmittag erreichten sie Helsinki. Zur Ruhe gekommen, fiel Hinnerk die frühere Bemerkung von Eckhard ein: »Meteorologen sind alle nur Meteorolügen!« Das gilt ganz bestimmt für Langzeit-Vorhersagen.

Übrigens, eine Woche später traf Hinnerk seinen alten Bekannten Paul-Gerhard und andere von St. Petersburg im Helsinki-Nordhafen wieder. Sie berichteten vom Jahrhundertsturm, den sie im Clubhafen abgewettert hätten.

Thomas, Käpt'n Flint, am Morgen nach der Sturmfahrt.

Der Hafen ist gegenüber der Newabucht durch Molen geschützt und die Öffnung ist gegen Nord in die Kleine Newa hinein. Die Yachten lagen an der Pier mit dem Heck gegen den Wind an Bojen. Sie hätten aber Angst gehabt, dass die Bojen den Druck des Sturmes nicht aushalten würden und man habe zu zweit bei laufend rückwärts drehendem Propeller bis morgens Wache gegangen. Das wirklich stabil aussehende Club-Hausdach sei weggeflogen. Ein älterer finnischer Einhandsegler war, wie man in Helsinki auf dem Seglersteg erzählte, in dieser Mitsommernacht mit seinem Boot untergegangen.

Übrigens trauerte Hans-Gerhard auch seinen Bordfahrrädern nach. Er habe sie nur für fünf Minuten in St. Petersburg zuammengeschlossen vor dem Supermarkt stehen gelassen. Doch danach waren sie weg. Hinnerk versuchte ihn zu trösten:

»Hans-Gerhard, vielleicht hilft es, wenn man es als Entwicklungshilfe betrachtet!«

In Helsinki suchten sie sich einen ruhigen Liegeplatz im Nordhafen, von wo aus dem Decksalonfenster die Uspenski-Kathedrale zu sehen und von dem aus das Zentrum zu Fuß zu erreichen war. Torben und Helga fuhren mit einer Schnellfähre über Tallinn nach Rostock zurück. Im Sommer sind hier im Norden überall in den Stadthäfen ausreichend Liegeplätze vorhanden. Angenehm sind auch das sommerliche Hochdruckklima, das fehlende Gedränge in den Geschäften und die mäßige Verkehrsdichte. Hinnerk hatte auch einen reichlichen zeitlichen Vorlauf, um alle wesentlichen Sehenswürdigkeiten für die bald einfliegende Christin zu entdecken.

11. Helsinki, Oslo, Kappeln in Europa Rund 2002

Seiner lieben Frau konnte Hinnerk nun sogar eine Landeshauptstadt zu Füßen legen. Doch – wer versteht schon die Frauen – das war gar nichts gegenüber einem kleinen Rosenstrauß, den er ihr auf dem Flughafen überreichte. An Bord wurden erst mal die Luken dicht gemacht, denn nach den langen Wochen müsse ihr »verwilderter Seebär« erst einmal gezähmt und das »Lotterleben« in normale Bahnen gelenkt werden. Das dauerte nach Christins Erfahrung immer mindestens drei Tage. Aber da die Sonne und die Stadt lockten, wurden nachmittags schon einige Ausflüge unternommen. Der Rosenstrauß wurde jedenfalls fast über den ganzen Törn bis Schweden gepflegt.

Irgendwann war es genug mit der Kultur und sie segelten hinaus in den finnischen Schärengarten. Am Bargösund – ein geschützter Binnenseeweg, der nachweislich schon von den Wickingern benutzt wurde – liegen die Insel und der Segelbootshafen Älgsö. Zwei Tage wurde hier verweilt bei idealen Bedingungen: 22° C Wassertemperatur, Saunen am Ufer, Wanderwege durch die Wälder, Tierparadiese, Begegnungen mit Elchen und Weißwedelhirschen.

Der innere Schärenweg führte dann weiter zu der lebhaften und großen Osthafen-Marina von Hangö. Obwohl Hafen und Sauna wegen der 3-Länderregatta Finnland/Estland/Lettland sehr voll waren, fand sich jeweils noch ein Platz.

Bald hinter Hangö ging die Route westwärts durch die äußeren Schären. Mitten im Gewitter liefen sie in das Hafenbecken der Einödinsel Jurmo ein. Im Regen wurden zweimal die Stege abgefahren – alles voll! Aber da lag ein finnisches Boot am Ende des Stegs und in die abendliche Dunkelheit und den sprudelnden Regen trat ein junger Finne und winkte sie trotz des auflandigen Windes zu seinem Boot, um längsseits zu gehen. Mit entsprechend vielen Fendern und gegenseitiger Hilfe erfolgte das Festmachen ohne Blessuren. Diese tätige finnische Gastlichkeit muss an dieser Stelle gewürdigt werden.

In Kökar, der nächsten großen Insel, war die Alandsflagge als Gruß an die Gastgeber aufgezogen worden, als die Moody im Helsöhafen lag. Diese geschichtsträchtige Insel war wieder einen längeren Aufenthalt wert und wurde mit dem Fahrrad entdeckt. Sehr früh im Mittelalter gab es hier ein Kloster. Später waren die Fischer für den königlichen Posttransfer auf der Königsstraße verpflichtet worden. Diese berühmte Straße führte hier vorbei und verband die Städte Stockholm, Helsinki und St. Petersburg miteinander. Auch wurden von hier bis vor wenigen Jahrzehnten die Ost-see-Seehunde gejagt, wie es in dem Inselmuseum dargestellt wurde. Von der Aussichtsplattform des Restaurants hoch über dem Hafen Helsös gab es unter dem blassblauen nördlichen Himmel einen wunderbaren Rundblick. Sie sahen auch den nordwestlichen Schärenweg vor sich, auf dem sie am kommenden Tag auf ihrem Weg über die Insel Degerö nach Mariehamn segeln würden.

Mariehamn mit dem für Gäste sehr großen Westhafen stellt eine richtige Versorgungsbasis dar, wo Wäsche gewaschen, sich verproviantiert, sauniert, gut gegessen und auch sehr preiswert getankt werden kann.

Gut ausgerüstet erreichten sie die schwedischen Schären und machten zuerst in Gräddö Station. Sie durchstreiften den gesamten Stockholmer Schärengarten mit sehr verschiedenen Eindrücken. Die Natur war ab-wechslungsreich, von lieblich bis wild romantisch, meistens aber men-schenleer. Das konnte man von den Anker- und Liegeplatzmöglichkeiten nicht sagen:

Schlechtestes Beispiel – wohl weil den Besuchern besonders empfoh-len – war die Insel Möja, die bei Dunkelheit eines lang anhaltenden, star-ken Gewitters von den Außenschären herkommend, angelaufen wurde. Beide Häfen, in die sie bei dem abendlichen Platzregen aus Sichtgründen hineinfahren mussten, waren proppenvoll. Ankerversuche in zwei Buchten wurden wegen rutschendem Anker abgebrochen. In einem Seitenkanal an einem Privatgrundstück mit im Bau befindlichem Haus schnappte Hinnerk sich im gesteigert verärgertem Zustand eine freie Tonne und vermoorte sich an Land. Nach etwa zwei Stunden Schlaf kam der Besitzer der Tonne mit einem etwa gleich großen Boot und befestigte sich parallel zu ihm. Zwar vertrieb er sie nicht, aber argumentierte nicht ohne Grund, dass die Boje bei größerer Belastung nicht für zwei Yachten ausreichen würde. Ein paar Stunden für das Ausschlafen lehne er nicht ab. Also wurde das schöne Möja frühmorgens verlassen.

Als ein gutes Beispiel sei ein absolut ausgezeichneter Aufenthalt in der Ägnöbucht erwähnt. Hier segelt man vorbei auf dem Weg von Dalerö nach Stockholm. Wenn man sich beim Einlaufen in diese Längsbucht ganz dicht an den Bb-Felsen hält, umfährt man die die Bucht abschließende Unterwasser-Barre und hat ringsumher die verschiedensten Festmache-Möglichkeiten an den Inselfelsen. Die Hoyers aber fuhren weiter bis zu dem schilfbewachsenen Ende der Bucht und hinter einen gewaltigen Monolithen, wo schon eine schwedische Yacht lag. Zum Befestigen am Felsen empfehlen sich Bergsteigereisen, die sich Hinnerk in Hamburg besorgt hatte. Zum Anlegen wurde bei ausreichendem Abstand zum Schilf die Ankarolina (eine nordische Gurtrolle mit 60 Meter Ankergurt) mit Heckanker und Kettenvorlauf benutzt. Hinnerk warf den Anker mit Kettenvorlauf über Bord, der Gurt spulte sich dann von selbst ab und wurde auf Zuruf des am Bug stehenden Hinnerk von Christin belegt. Damit stoppte das Boot dicht vor dem Felsen, sodass Hinnerk mit Festmacher, Bergsteigereisen und Hammer auf den Felsen steigen und in der richtigen Spalte mit dem Eisen das Boot festlegen konnte.

Eine Exkursion auf den hohen Felsenberg der Insel ließ die Moody richtig klein erscheinen und gewährte einen Weitblick, der sogar die Türme des fernen Stockholm zeigte. Abends lud das ältere schwedische Ehepaar des Nachbarbootes die Hoyers zu sich an Bord ein. Noch hatte Hinnerk etwas von seinem Aldi-Vorrat, den er vor dem Danziger Zoll und von Käpt'n Flints Durst gerettet hatte und konnte eine Flasche Rotwein als Gastgeschenk mitbringen. Die beiden Schweden konnten gut deutsch und erzählten, wie sie seit über 50 Jahren mit ihrem Boot große Touren in die Schärenwelt unternommen hätten. Nun im Alter reiche es nur noch für die nahen Stockholmer Inseln.

Nach einem morgendlichen Schwimmen im wirklich warmen Wasser der Bucht – es war der heiße Sommer 2002 – wurde beschlossen, südwärts nach Dalarö zu versegeln, das Hinnerk von seiner Seniorenreise im letzten Sommer noch in guter Erinnerung hatte.

Andere Ankerplätze und Häfen hatten ihre Eigenheiten, wie die Insel Utö als frühere Bergwerkssiedlung mit gefluteten tiefen Eisenerz-Schächten, die man besichtigen kann und mit den großen Seglerstegen rund um die innere Bucht, wo sich immer noch jemand reindrängeln kann. Oder wie die Insel Ranö mit guten Ankerbuchten, einsamen Plätzen mit viel Natur und Angelgründen. Dann Nynäshamn – der südlichste Außenposten von Stockholm und ein kulturelles Zentrum mit viel Touristik-Angeboten aus Wickinger- und Mittelalterzeiten, aber auch viel Platz für Gäste im Seglerhafen.

Die Moody lag an zwei weit entfernten achteren Bojen, die eine mit dem Bojengriper (Greifhaken) und der Festmacherleine und die andere mit einer langen Ankerleine lösbar als Durchlaufleine verbunden. Sie lag mit dem Bug zum Steg richtig, auch als bei Gewitter nun plötzlich starker achterlicher Ostwind wehte. Doch traf dieser Windumschwung einen Schweden japanischer Herkunft gerade beim Anlegen neben Hinnerks Schiff. Der Japaner hatte einen Dummy an Bord, d.h. einen Gast, der nur in der Plicht saß und kaum zufassen konnte und immer wieder betonte, kein Segler zu sein. Die Hinnerks waren gerade unter Deck, als Christin sich umsah und plötzlich ausrief:

»Hinnerk – es treibt eine Yacht auf uns zu, da in Luv gegen unsere Achterleine!« Hinnerk war sofort draußen, konnte aber nichts machen, da der Japaner sich an der Tonne festhielt, an der die lange Ankerleine der Moody doppelt geschoren an Luv festgemacht war. Das schwedische Boot wurde durch den Wind gegen die Luvleine und damit gegen die Moddy gedrückt. Der Dummy zog zusätzlich die Yacht langsam auf die Moody zu. Hinnerk rief Christin zu:

»Zieh dir eine Regenjacke über und hilf mit Abdrücken«, dann hängte er schnell einen Fender von Bb zusätzlich nach Stb und rief dem Japaner zu:

»Eine Leine zu mir, die bringe ich nach Luv zum Steg!« Das verstand der Japaner, ließ aber leider die Boje los, sodass seine Yacht über Hinnerks Leine trieb. Gleichzeitig lief Hinnerk mit der erhaltenen Leine zum Steg, wo er sie weit in Luv belegte und rief:

»Pull your boat to the left!« Aber da passierte der Kardinalfehler: Der

Dummy blieb an seinem Platz sitzen und der Japaner fuhr mit dem Motor nach Stb zum Steg. Hinnerk hatte beide Enden seiner Leine schon losgemacht und warf sie beim Vorbeifahren dem Dummy zu. Aber der japanische Schwede blieb nicht am Steg liegen, sondern fuhr gleich weiter gegen den Wind davon. Christin sah es zuerst, stieß Hinnerk an und sagte:

»Du musst hinterher und die Ankerleine zurückfordern.« Schnell war Hinnerk auf dem Steg und schrie:

»Stop, I want my line back!« Aber das schwedische Boot fuhr ohne Reaktion davon.

»Der Mitsegler, dem du die Leine zugeworfen hast, kennt sich wohl überhaupt nicht aus. Die Leine bist du los, Hinnerk«, meinte Christin und so sah es aus, da der Japaner weiterfuhr. Aber plötzlich stoppte er, setzte die Fock und segelte langsam an den Steg zurück. Hinnerk ging nun hin, um seine Leine zu holen. Der Japaner schien nicht zu verstehen, worum es ging. Ein schwedischer Nachbar kam auf den Steg. Er hatte die Kontroverse mitbekommen und sagte auf Deutsch:

»Der Herr weiß gar nicht, warum sein Motor nicht mehr geht, dass nämlich deine Leine in seiner Schraube sitzt – ich rede mal mit ihm.« Der schwedische Disput führte anschließend dazu, dass ein Taucher die Leine herausschnitt. Inzwischen kam der Japaner zu Hinnerk an Bord und klärte sehr verbindlich den Fall mit 130 Euro. So war alles o.k., und auch der Dummy lachte zufrieden. Dem schloss sich Hinnerk an, denn seine Ankerleine war ja bereits durch die Ankarolina ersetzt worden.

Obwohl dieser Sommer der These von der Klimaerwärmung Recht gegeben hatte und bis jetzt immer die Sonne schien, war nun Gewitter aufgekommen, und es regnete auch weiter, als sie südwärts steuerten. Um nach Hokö, Christins Trauminsel, zu kommen, fuhr Hinnerk nicht ganz südlich um Landsort herum, sondern den nördlichen Schärenweg südlich Ankarudden entlang und dann westwärts über Asenshallen. Das war der kürzeste Weg. Dabei war ein WP-Routenweg, der vorher in das GPS-System eingegeben wurde, sehr hilfreich bei dem Regen in den Schären.

Spät im Jahr, bereits Ende Juli, war kein weiteres Boot auf Hokö zu sehen, sodass ein Vermooren an irgendeinem Fels nicht nötig war, sondern der leere Steg und die Bojen im Norden der Insel benutzt werden konnten.

Zwar gibt es einige Ferienhäuser auf der Insel, aber kein Mensch war zu sehen. Also Heidelbeeren und Himbeeren satt und kein Kleiderzwang beim Baden und Sonnen.

Das Relaxen wurde nach 2 Tagen abgelöst durch Segeln über Sävösund, Oxelsund und Arkösund zur Schlossruine und Badeinsel Stegeborg, wo auch wieder ein längerer Halt eingefügt wurde. Die Wassertemperaturen waren hier schon auf 23° C geklettert. Das Erholen war nötig, denn gleich darauf wurde im Götakanal von Christin alle Kraft verlangt, denn es galt das 14-Tonnen-Schiff festzuhalten, wenn die Strömung der Schleusen-Flutung dagegensetzt. Aber sie packte es! In Söderköbing kamen für die weiteren Schleusungen neue Kräfte an Bord. Christin musste zu ihrer Schule nach Hamburg zurück und Tochter Wiebke sowie Bernd Walter mit Frau Marion stiegen ein.

*

Bei diesem Überlandtörn werden über 90 Höhenmeter überwunden. Auf- und Abstieg erfolgen mittels 64 Schleusen. Günstige Winde erlaubten der Moody das Segeln über die vier Seen, den Roxen, den Boren, den Vättern und den Vänersee (insgesamt ca. 60 Seemeilen), wobei die Rollreffs für Groß und Genua das Segeln sehr erleichterten. Marion war nicht nur eine gute Deckshand und Schleuserin, sondern sie zeigte auch allen wie gesund und trotzdem schmackhaft gekocht werden kann. Kein Wunder, dass Bernd in der Küche völlig chancenlos war.

Die Süßwasserseen waren ideale Gelegenheiten zum Schwimmen und hatten selbst im hochgelegenen Boren Mittelmeertemperaturen. Segelziele waren berühmte Orte wie Vadstena am Vätternsee, wo die Yacht direkt neben dem Wasserschloss festgemacht hatte. Die Klosterkirche birgt die Reliquie der Heiligen Brigitta von Schweden.

Auf dem Vänersee führt ein direkter Weg vom Kanal bei Sjötorp unter einer Brücke hindurch nach Mariestad. Leider war die Brückenhöhe von 17 Metern zu niedrig für die Moody Eclipse, sodass die Insel Foglö umse-gelt werden musste, was bei dem Durchsegeln des reizvollen Ornösundes wiederum ein Gewinn war, trotz des Umwegs von 16 Seemeilen. Der Liegeplatz in Mariestad befand sich direkt in der Altstadt.

Tochter Wiebke beim Schleusen auf dem Götakanal

Nur ein 11-Seemeilen-Törn über den Vänersee benötigten sie danach, und das Boot lag im Schlosshafen festgemacht unterhalb des Schlosses Läckö. Dieses wehrhafte Gebäude war gut erhalten und zeigte sich inklusive einer Ausstellung als eine Erinnerung an die Großmachtpolitik Schwedens.

Die anschließenden Schären, die mit dem nördlichen Lurö-Schärgarten das größte Süßwasser-Schärengebiet Schwedens darstellen, wurden durchsegelt, wobei eine etwa 6-Meter-Enge eine kritische Durchfahrt bei der Schiffsbreite von 4,26 Meter bedeutete. In der Nähe der Durchfahrt wurde in einem kleinen Fischerdorf festgemacht. Der Vänersee sollte nicht verlassen werden, ohne den geräucherten Süßwasserfisch gegessen zu haben, der hier und auch in Sjötorp angeboten wurde. Dieser lachsartige Fisch ist mit dem Bodenseefelchen verwandt und äußerst wohlschmeckend. Es war jedes Mal ein Festessen und ausreichend, wenn sich zwei einen Fisch teilten.

Die Schleusen des Trollhätankanals hatten eine große Hubhöhe und höhere Fallgeschwindigkeiten, als wollten sie die Yacht ganz schnell in ihr eigentliches Element, das Meer, entlassen. Für die Touristen und damit auch für die Moody-Crew wurde der natürliche Wasserfall und die Stromschnelle Trollhätanfossen für eine halbe Stunde geöffnet und konnte bewundert werden.

Nicht weit vor Göteborg führt vom Trollhätankanal der Kungsälv zu einem kleinen Bootshafen unterhalb der Bohus-Burgruine. Der Kungsälv ist schmal und nur 1,80 Meter tief, hat aber etwa zwei Knoten Strömung in den Hafen hinein. Das Hineinkommen war gar kein Problem und an den Brückenkopf der Holzstege war im Herbst auch genug Platz. So machten sie dort fest. Von dort konnte die gesamte Besatzung direkt die große Festung Südschwedens erklimmen und wurde mit einem weiten Blick bei klarer Sicht belohnt. Auch die alten Häuser des Ortes waren sehenswert.

Nun sollte das Boot den Hafen wieder verlassen. Zur Wende war es viel zu schmal. Das eine Ufer ist aber mit einem schmalen Schilfrand versehen – und da lag die Lösung: Langsam wurde das 13-Meter-Schiff schräg gegen die Schilf-Böschung gefahren und mit minimaler Motorkraft dagegen gedrückt – das weitere wurde der Strömung überlassen. So erfolgte die Drehung automatisch. Hier stimmte die alte Erfahrung: »Wo

Schilf wächst, gibt's keine Steine.« Dies war zum Glück die einzige, aber gewollte Grundberührung der ganzen Nordreise.

Die folgende Brücke vor Göteborg öffnete sich auf Funkanforderung für die Moody und dann war der Ablösepunkt, der zentrale Yachthafen Göteborg, erreicht. Bernd, Marion und Wiebke, die wieder zurück in das Berufsjoch mussten, nahmen nun Abschied von der Yacht und von Schwedens Supersommer.

*

Zur Weiterfahrt kam Lutz Birgel, der ehemalige Arbeitskollege und Hamburger Freund an Bord. Eckhard würde erst in Oslo zusteigen können. Es war schon bezeichnend, dass in der dritten Augustwoche eine Vielzahl von Segelbooten auf Gegenkurs wohl den heimatlichen Häfen südwärts zufuhren, während Hinnerk mit Lutz Marstrand ansteuerte.

Sie segelten mit Stb-Bug vor dem Wind, während die Gegenkommer kreuzen mussten. Als sie schon nach der Durchfahrt zur Insel Ausschau hielten, Hinnerk in der Karte am Navigationstisch und Lutz nach Bb, war der große Crash beinahe passiert: Über den Decksalon der Moody kann selbst von großen Personen nur im Stehen vollständig nach vorn gesehen werden. Lutz, der nicht gerade Gardemaß hat und auch noch zum Marstrand-Fahrwasser nach Bb blickte, übersah ein hoch am Wind auf Bb-Bug segelndes Volke-boot, das folglich Vorfahrt hatte. Dieses lag soweit auf der Seite, dass es nach Lee gar nichts sehen konnte. Es war Schicksal, eher wohl ein guter Schutz-engel, der Hinnerk in quasi letzter Sekunde an Deck auftauchen ließ. Die Breitseite des mit Wegerecht dort segelnden Bootes vor Augen, zum Steuerrad greifen und abrupt nach Bb rumreißen, waren reine Reflexhandlungen. Lutz war vorerst sprachlos und geschockt, als die Boote wirklich haarscharf anein-ander vorbeischossen. Ähnlich wird es den beiden Schweden gegangen sein. Nur gut, dass es am Anfang des Törns passierte und Lutz noch Zeit hatte, sich an das ungewohnte Steuerrad und die schlechteren Sichtverhältnisse zu gewöhnen, jedenfalls blieb es bei dieser einmaligen Gefahrensituation.

Es zeigte sich am blasser werdenden Blau des Himmels und an den vielen freien Liegeplätzen in den Häfen, dass sich der Sommer dem Ende zuneigte. Selbst im Eldorado der Segler, in Smögen, gab es gerade noch zwei weitere Gastsegelboote, wo sonst hunderte lagen. Strömstadt steuerten sie über den Havstensund an.

Dieser letzte Hafen Schwedens am Kattegat hat den spröden Charme der nordischen Städte mit den alten Gebäuden, die vorwiegend aus Holz gebaut sind. Lutz und Hinnerk machten einen Streifzug durch das Zentrum und landeten beim Bier in einer Hafendisco. Langsam gingen an Bord die alkoholischen Vorräte aus, obwohl die Ablösungen immer etwas Nachschub mitgebracht hatten.

Im Oslofjord gibt es meistens schwache Winde. So war es auch bei dem Tagestörn bis in den kleinen Hafen Vallö östlich von Tönsberg. Norwegen ist ein teures Land. Jedoch berichteten ihnen schon Segler in Schweden, dass man mit Glück in kleinen Häfen als Ausländer Transit-Brennsstoff stark verbilligt erhalten könne. So war es in diesem Hafen, wo sie quasi zollfrei für 60 c/l ohne Formalitäten Dieselöl tanken konnten.

Eigentlich sollte vor Oslo noch ein Hafen angelaufen werden – aber alle waren absolut voll. Dieselben Verhältnisse in Oslo-Stadt – kein freier Platz. Da fragte Lutz:

»Wo hast du eigentlich früher hier gelegen?«

»Auf der anderen Seite, im Königlichen Yachthafen«, sagte Hinnerk, »warum nicht auch heute?« Das war die Lösung. Da stündlich eine Fähre zum Stadtzentrum verkehrte, war das Liegen hier auch kein Nachteil. Hinnerk, der vor 30 Jahren schon einmal hier mit seiner damaligen Carter 33 gelegen hatte, fand doch einen Unterschied:

»Damals empfing uns ein echt königlicher Vertreter als Hafenmeister, irgend so ein Vizeadmiral mit fünf Kolbenringen auf seiner blauen Uniform. Ein Glas Whisky hat er damals erhaben abgelehnt mitzutrinken. Nun Lutz«, Hinnerk zeigte auf den jungen Burschen, der sie eingewiesen hatte, »sieh dir den Kerl in T-Shirt und Badelatschen an: Wie tief ist die Reputation des Könighauses gesunken!«

Bald kam Eckhard mit der Stenalinie von Deutschland und nach einer ausgiebigen Stadtbesichtigung wurde die Segeltour fortgesetzt. Dauernd leichte Winde von vorn, das bedeutete Motorfahrt. Der Ausflugsort Son war eine angenehme Unterbrechung mit Stadtbesichtigung und Baden.

176

Hinter der Schleuse von Toensberg war Blisterwetter, das bis zum südlichen Ort Stavern anhielt. Sie machten als einziges Boot im geräumigen Hafen fest und genossen die Umgebung der norwegischen Schärenwelt durch Wandern und Schwimmen.

Als sich endlich die neue Wetterlage mit Westwind durchsetzte, gab es eine schnelle Überfahrt, zeigte der Skagerrak doch mit stürmischen Winden von Bft 7-8 noch kurz seine Zähne.

Lutz und Kap Skagen von Süden.

Die frühe Ankunft gegen 18 Uhr an einem Freitag war ein Glücksfall, denn bis zum Dunkelwerden füllte sich der Hafen von Skagen bis zum letzten Platz mit Steuerflüchtlingen von Norwegen und Schweden. Diese Segler waren vor den hohen Alkohol-Steuern ihrer Länder geflohen. An diesem warmen Sommerabend waren bis tief in die Nacht bacchantische Feste im Gange, während die Moody-Crew zur Skagenlandspitze wanderte und den Leuchtturm bestieg. Sie behielten dabei den Überblick.

Für die weitere Reise wurden die schönsten und interessantesten Häfen und Inseln ausgesucht, die im Sommer sowohl total überfüllt, als auch enorm teuer geworden wären wie Läsö, Anholt, Ebeltoft, Tunö, Juliusminde, Middelfahrt, Dyvigfjord und Schleimünde. Jetzt Ende September erwies sich diese Überlegung als richtig.

In Grena wurde noch Pit übernommen, der bereits früher auf dem Törn nach Delphi dabei gewesen war. Interessant war die Besichtigung des dänischen eisernen Marineseglers »Jülland« in Ebeltoft. Man kann ihn mit der »Warrior« in Portsmouth auf die gleiche technische Entwicklungsstufe stellen.

Die Moody war in Erwartung einiger kühler deutscher Biere hoffnugsvoll in Schleimünde eingelaufen, zumal das Schiff schon einige Zeit »trocken« war. Große Enttäuschung – die »Giftbude« hatte zu! Hoffnung kam auf, denn Lutz wollte zu Fuß von Maasholm Bier holen. Nach knapp einer Stunde brachte ihn der Naturschutzwart ohne Bier zurück. Lutz hatten alle Überredungskünste nichts genützt – das Naturschutzgebiet blieb gesperrt. So wurde die Crew zum Schluss zwangsentwöhnt! In Kappeln war die Nordtour mit dem Aufslippen der Moody glücklich abgeschlossen und für Hinnerk seine Traumtour »Europa Rund« zu Ende.

Epilog

Vor fast einem halben Jahrhundert, als Hinnerk gerade Zwanzig war, nahm er an einer Verlobungsfeier eines Freundes teil. Kaum etwas ist ihm davon in Erinnerung geblieben, aber unvergessen blieb ihm das Restaurant, da dort auf jedem Tisch ein kleines Buch auslag mit dem Titel »Was dir noch bleibt, wenn du Sechzig bist«. Obwohl die meisten bis zu diesem Zeitpunkt noch 40 Jahre vor sich hatten, griffen sie danach, wie auch Hinnerk, blätterten darin und legten es nachdenklich zurück – es enthielt nichts außer leere Seiten.

Da Hinnerks Segelhobby einen gesunden Körper und Geist voraussetzt, war dieser Hinweis schon damals ein Argument, lieber früher als später von seinem Beruf zum Hobby zu wechseln. Aber tatsächlich hatte er es nur ein und ein Vierteljahr vor dem offiziellen Arbeitsende geschafft, auszubrechen, und das nur aus Zufall.

Ein Blick in die Statistik von 2004 zeigt aber, dass allein in den letzten 20 Jahren die mittlere Lebenszeit der Männer um sechs Jahre auf 75 gestiegen ist. Damit muss man das obige Buch auf Grund dieser Tatsache in der Weise korrigieren, dass zumindest vor dem 70. Jahr die Blätter des Lebens nicht unbeschrieben bleiben sollten. Hinnerk und seine Rentnerfreunde haben es mit ihren Segeltouren bewiesen.

Das Segeln ist überwiegend Männersache und oft ist ein Segelboot der Trennungsgrund einer sonst festen Beziehung. Dass diese Regel auch durchbrochen werden kann, zeigt diese Segelgeschichte.

Die Partnerschaft eines Segelfreaks mit einer nicht so sportlich-burschikosen Frau hat sowohl die gemeinsamen abenteuerlichen Segeltouren als auch die monatelangen Trennungen sehr gut überstanden. Voraussetzung dafür ist, dass die Yacht, die Touren und die erwarteten Anforderungen auch entsprechend auf die Frau abgestimmt sind. Das kann Christin bestätigen, obwohl die Trennungszeiten nur dann akzeptabel sind, wenn durch Beruf oder ein Hobby die Frau zu Hause voll ausgelastet ist.